55歳からでも失敗しない

保険のルール

株式会社バリューアドバイザーズ
五十嵐修平
SHUHEI IGARASHI

山越健司
KENJI YAMAKOSHI

CROSSMEDIA PUBLISHING

プロローグ

50代以上の方が直面するお金の悩みはさまざまです。個々の状況で異なりますが、一般的には次のような悩みが挙げられるのではないでしょうか。

1. 老後資金の不安
2. 今後の収入源・働き方
3. 子どもの教育資金・将来
4. 住宅ローンの残債
5. 自身の介護費用
6. 親の介護費用
7. 自身の相続
8. 親の相続

どれだけ年齢を重ねても、人はお金の不安と常に隣り合わせです。50代になると、なおさら「このままで老後は安心して豊かに暮らせるのか」「生活や健康に予期せぬトラブルが起きたらどう対処すればよいのか」「今後の収入と支出はどうなるのか」などと不安は尽きません。特に50代の方は、ご自身のことだけでなくお子様やご両親のことなど、考えることが多い世代です。

その中で将来に老後資金を備えるため、貯蓄型保険に加入している方は多いと思います。また、いつ起きるか分からないリスクをカバーするために、あれもこれもと民間の保険に加入している方も多いのではないでしょうか。もちろん保険は心強いお守りになりますし、それ自体は否定しません。

しかし、加入しているその保険は人生100年時代において、果たして本当に「お金の置き場所」として適切でしょうか。

万が一に備える「死亡保険」や病気やケガに備える「医療保険」、被保険者（保障の対象者）が保険期間満了後に生存していると満期保険金が受け取れる「養老保険」など、保険の種類は多岐にわたります。保障内容や保障期間もさまざまですが、基本的に保険は掛け捨て型か貯蓄型かの二種類となります。

本来の保険の加入目的は、あらゆる不測の事態にご自身やご家族の経済的な負担を軽減させる【保障】であり、より大きな保障をより少ない保険料で確保できるのが望ましいです。

つまりは、運用利回りや解約返戻率などを議論すること自体おかしな話なのです。本書の中で詳しく説明しますが「保障は保険」「運用は証券」という基本的な考えでいくと、保障目的ではなく資産運用や老後資金のために保険に加入していると、本来得られるリターンよりも下回ってしまう恐れがあります。

ところが多くの人は、優秀な保険募集人から個人年金保険や学資保険、死亡保険でも外貨建て終身保険や変額保険といった貯蓄型保険に加入しているのが現状です。

死亡保障や医療保障を確保したいのであれば、毎月保険会社に支払う保険料を削減できる掛け捨て型を選び、削減できたお金は証券口座を開設し、投資信託や個別株や債券などの金融商品で運用することが、長い目で見れば「お金の置き場所」として適切だと考えます。

2022年に起きたロシアのウクライナ侵攻などで、デフレからインフレの波が日本にもやってきていることは日々の生活の中で感じているはずです。

今までは、自分の大事なお金の運用を銀行または保険会社に任せるのが当たり前でしたが、今後は自分自身でお金の置き場所を考えなければ、インフレや社会保険料の負担増などで、今と同じ普通の生活ができなくなる可能性があります。

そこで本書では、50代以上の方を対象に、現在契約している生命保険は本当に必要なのかを確認していただき、「保障は保険」「運用は証券」と目的に応じた最適な「お金の置き場所」について、弊社のお客様の相談事例を交えながら解説していきます。

投資の基礎知識、投資の具体的な始め方、２０２４年から開始された新ＮＩＳＡ制度の概要にも触れているので投資初心者の方でも読みやすい内容となっています。

こうした内容を書籍にした理由は、昨今「急激な円安や物価上昇などで月々の保険料が生活を圧迫し、困っている」「保険解約後の解約返戻金や削減できた月々の保険料を、次にどのようなお金の置き場所にすべきかが具体的に分からない」といった相談が増えているからです。

遅くなりましたが、ここで少し自己紹介をさせてください。

私は、株式会社バリューアドバイザーズの代表を務める五十嵐修平と申します。東証一部上場の証券会社にて資産運用コンサルティングに従事した後、不動産会社などの経営参画を経て、２０１３年に弊社を立ち上げました。

〝金融で日本を元気に〟を経営ビジョンに掲げ、世代を超えた資産運用を支援するＩＦＡ(Independent Financial Advisor)法人として、これまで２０００名以上の資産形成や資産運用をサポートしてきました。

またＩＦＡの事業と並行し、弊社では投資教育にも力を入れています。資産運用に関する勉強会や日経資産形成フェア、名古屋証券取引所での登壇、２０２１年にはミドルシニア世代に向けた、投資や資産運用についてレクチャーする書籍『55歳からでも失敗しない投資のルール』(クロスメディア・パブリッシング)を上梓しました。おかげさまで多くの方にご愛読いただき、資産運用を始めるきっかけとなっています。

これに続く本書では、前著同様ミドルシニア世代に向け「なぜ多くの方が不要な保険を契約したままなのか」と疑問を呈すると共に、貯蓄型保険商品を顧客にプッシュする保険業界の実態にも触れました。

本書を読み終える頃にはご自身に必要か不要かの保険の見極めができるでしょう。
また、新たなお金の置き場所を選択することによって、理想のセカンドライフに向けて一歩前進していただきたいと思います。

50代はお金の置き場所について考えるラストチャンス

本書で50代以上の方を対象にしている理由は、近い将来に「退職」という大きなイベントを迎える中で、お子様の教育資金には目途が立ち、セカンドライフが目前に迫る中、理想のセカンドライフに向けた資金準備のラストスパートの時期にあるからです。

しかし、若い時に加入した貯蓄型保険をそのままに「資産運用は若い人がやるものだ」「よく分からないから手を出さない」と、証券口座すら開設していない方が多いように感じます。

貯蓄型保険の商品も、セカンドライフ資金準備の手段の一つであることは間違いありません。しかし、保険会社が皆さんに代わって担う運用コストや必要のない死亡保障関連費が差し引かれると、効果的な手段とは言えません。

証券口座を開設し、ご自身で直接投資をした方が中間コストは確実に削減できます。また債券や投資信託など、金融商品を自分で選べる点も大きな違いです。ご自身のリスク許容範囲内の金融商品を選択できれば、保険会社にお願いするよりも効率的に資産を運用することができるのです。

また、ビジネスの第一線を退く際に受け取る退職金をそのまま預貯金口座に入れ、切り崩して生活する人は少なくありません。皆さんや皆さんの親世代は、バブル崩壊の経験から「株をはじめとする投資は怖い」と考える方が多く、及び腰になるのも仕方ありません。

しかしながらご存じの通り、いまだ日本は空前の低金利政策を続けていて、銀行にお金を預けているだけでは資産が増えることはありません。加えて物価上昇により、目には見えない貨幣価値の下落（購買力低下）がダブルパンチとなります。

となれば資産の一部を資産運用に回し、理想のセカンドライフに役立てるべきです。「全く資産運用をしない」という選択が老後破綻を招き、ご自身のお子様やお孫様に迷惑をかける可能性があることをまずは自覚する必要があります。

なぜ、自分に不要な保険を続けてしまうのか？

相談に来る方の中には「不要なのかな」と自分で思いながらも保険に加入し続けている方がいます。「なぜ加入し続けているのか」と問うと「なんとなく」「今解約したら損だから」「解約すると保険会社の担当者に悪いから」という三つの理由がほとんどです。

転ばぬ先の杖として、死亡や病気やケガに伴う入院に備えることを目的に保険商品を活用するのは間違いではありませんが、お金を貯める・増やすことを目的に加入するのは効果的ではありません。

50代以上の親世代にあたる70～80代の方たちが若い頃に加入していた保険の予定利率（保険の金利）は、6％台の商品も存在しました（いわゆるお宝保険）。こういった保険商品であれば貯蓄や運用目的で持っていても問題はないでしょう。

ところが、読者世代が１９９０年代半ば以降に契約した保険商品は、それらと比較すると予定利率が非常に低く、貯蓄や運用目的に活用しても物価上昇にはついていけず、お金の価値が下がってしまう場合もあるのです。

しかしながら親世代の影響を受け、銀行預金の次にお金の置き場所として保険商品を選択し「保険で貯める・増やす」という考えが染み付いてしまっている方が大半です。慣れは怖いもので、毎月の保険料を支払う余裕はあるのでほったらかし、または仕事で責任あるポジション

10年国債金利と10年予定利率

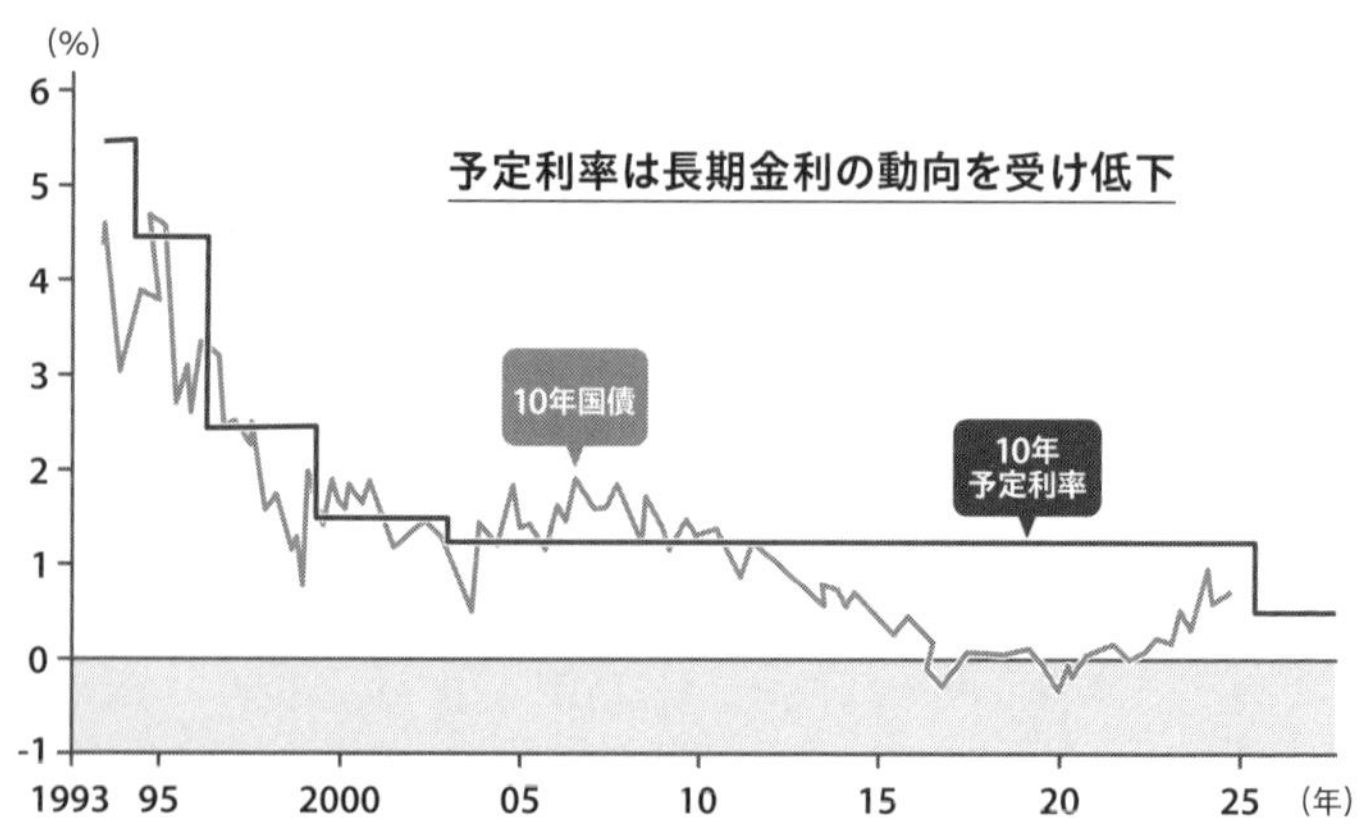

出所：財務省「国債金利情報」を基にバリューアドバイザーズ作成

になり忙しく、保険の見直しが面倒だから放置をしているわけです。

本書では、こういった「お金の置き場所」を少し変えるだけで何千万円と差が出るような機会損失をしている方々に「保障は保険」「運用は証券」と、目的に応じて使い分ける理由や具体例を示しています。

保険会社と保険募集人は「貯蓄型保険」を継続してほしい

保険会社側にも構造的な問題が見え隠れします。

保険募集人の報酬は保険料で決まることが多く、お客様に契約してもらう年間保険料の100％近い報酬を得られる貯蓄型保険も存在します。

保険料の安い「掛け捨て型保険」の場合、報酬をたくさんもらおうとすると数多くの契約を集めなくてはいけないため、保険料が高額になる「貯蓄型保険」の方が楽に稼げます。全ての保険募集人ではありませんが、軽快なセールストークで保障目的でなく、運用目的も混在させ、保険料が高額になるような保険契約を勧めてくるケースもあります。

では、なぜ保険会社側は貯蓄型や運用性の高い保険商品の契約数を増やしたいのか。その理由は単純で、大きな資金（保険料）を集めることで、保険会社自体が投資する資金が大きくなるからです。

保険会社は、機関投資家として株式や債券、不動産に投資を行い、そこから得た収益を保険募集人の給与や自社の利益に回しています。こういったビジネスモデルなので、いわゆる貯蓄型保険の契約数を増やし、より長く継続して保険料を支払ってもらうよう、早期解約の場合は解約返戻金を減額するなど「契約者にペナルティ」を課すことで継続させる仕組みになっているのです。

少し保険会社の歴史を振り返りましょう。戦後に配偶者を亡くした女性の働き場所として、いわゆる「生保レディ」が誕生しました。雇用の創出という意味では社会的意義のあることです。そこから時代は移り変わり、外資系の保険会社が国内市場に参入しました。上質なスーツを身にまとった男性が、終身保険（貯蓄型）を武器に営業活動を始めるようになります。その世代がまさに今の50代にあたるのです。

本書を読んでいる皆さんの周りにも、保険会社に就職した知り合いは一人や二人いるのではないでしょうか。友人の勧めで貯蓄型保険に加入した方も少なくないでしょう。

下記の図は1989年3月からの日経平均株価チャートですが、失われた30年と言われている通り、日本だけを見ると株価は低迷していて、個別株や投資信託で運用しても増えるイメージがないという方も多いと思います。

だから保険商品以外でお金を貯める、増やす選択肢を知らず、イメージできな

日経平均株価チャート（1989年3月～2024年3月末）

出所：公表データよりバリューアドバイザーズ作成

いため、長年保険契約を続けているのではないでしょうか。

そして「解約して戻ってきたお金の次の置き場所が分からない」または「途中での解約はもったいない」ということも貯蓄型保険を解約できない大きな理由ではないでしょうか。

「預貯金はいまだに低金利のためメリットを感じない」「いざ株式や投資信託に投資してみようとしても、証券口座開設から手続きが煩雑」かつ「商品や銘柄をどう選んでよいか自分で判断できないしリスクも伴う。ならば保険のままにしておけば……」と考えている人がほとんどです。

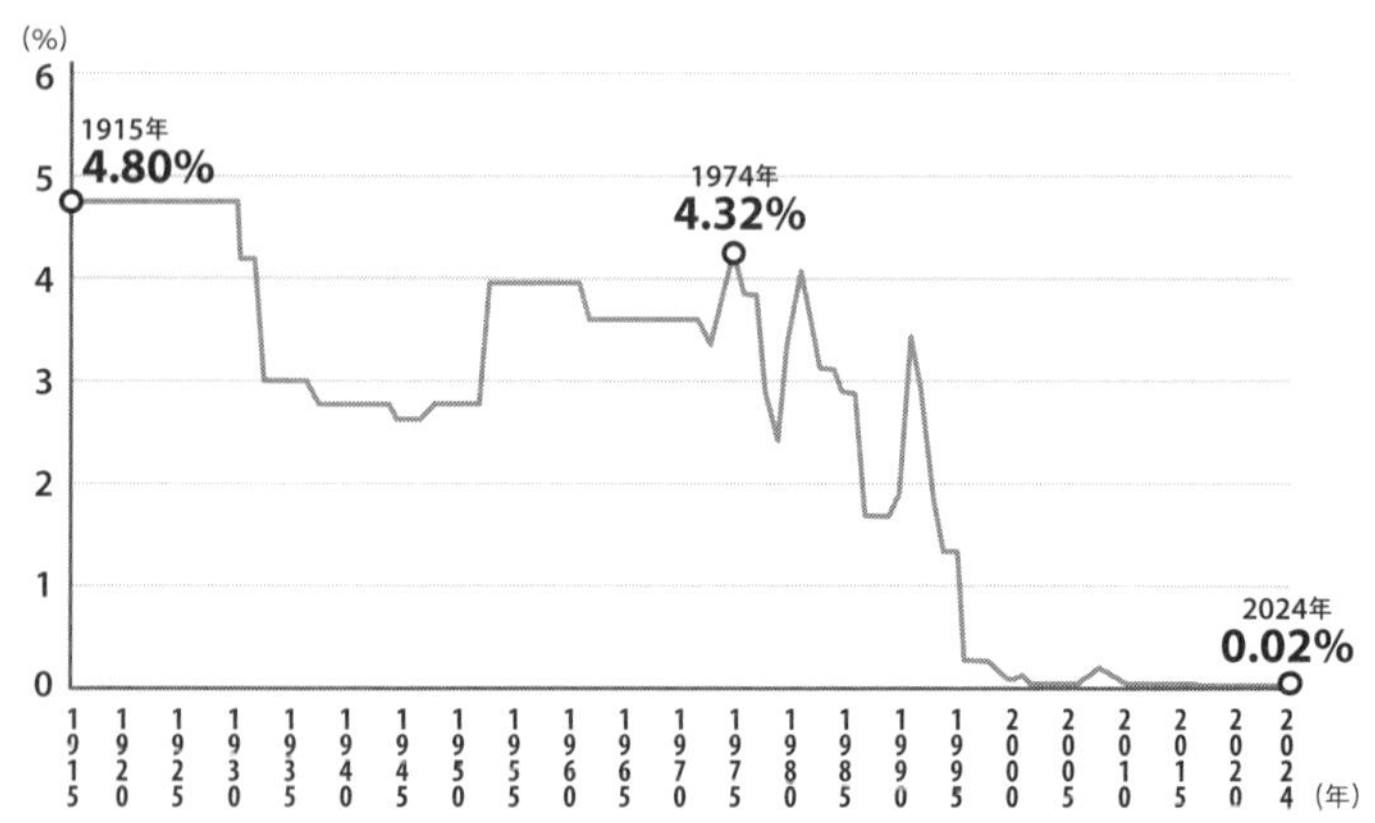

出所：ゆうちょ銀行「貯金金利の沿革」を基にバリューアドバイザーズ作成

さて、保険をそのまま放置していると機会損失をし続けることが理解できた今、保険商品以外の金融商品に資金を移すとするなら、一体どの情報を参考にすればいいのでしょうか。

今は書籍に加えてＹｏｕＴｕｂｅもあります。ただし、ＹｏｕＴｕｂｅの情報は玉石混交です。

今回は書籍を手に取っていただいている皆様にＩＦＡである私たちが書籍を通じて出来る限りの情報をお伝えさせていただきます。

ＩＦＡはお金の相談から実行までを担う〝資産運用・資産形成の生涯のパートナー〟

ＩＦＡをご存じない方もいらっしゃると思うので、少しＩＦＡについて説明させていただきます。

ＩＦＡとは、金融先進国の欧米で発達した制度で「独立系ファイナンシャルアドバイザー」とも呼ばれます。特定の金融機関から独立し、金融商品をアドバイスできることが特徴です。

証券外務員資格と生命保険募集人資格を保有し、証券会社や保険会社に属することなく、幅広い選択肢の中からクライアントに最良の提案を行います。

「そうは言っても特定の金融商品を勧めるのでは？」と思うかもしれませんが、誰かの肩を持つスタンスはＩＦＡの本質と相反するので、顧客の信用を失い、元も子もありません。金融機関から独立した立場で総合的にアドバイスすることこ

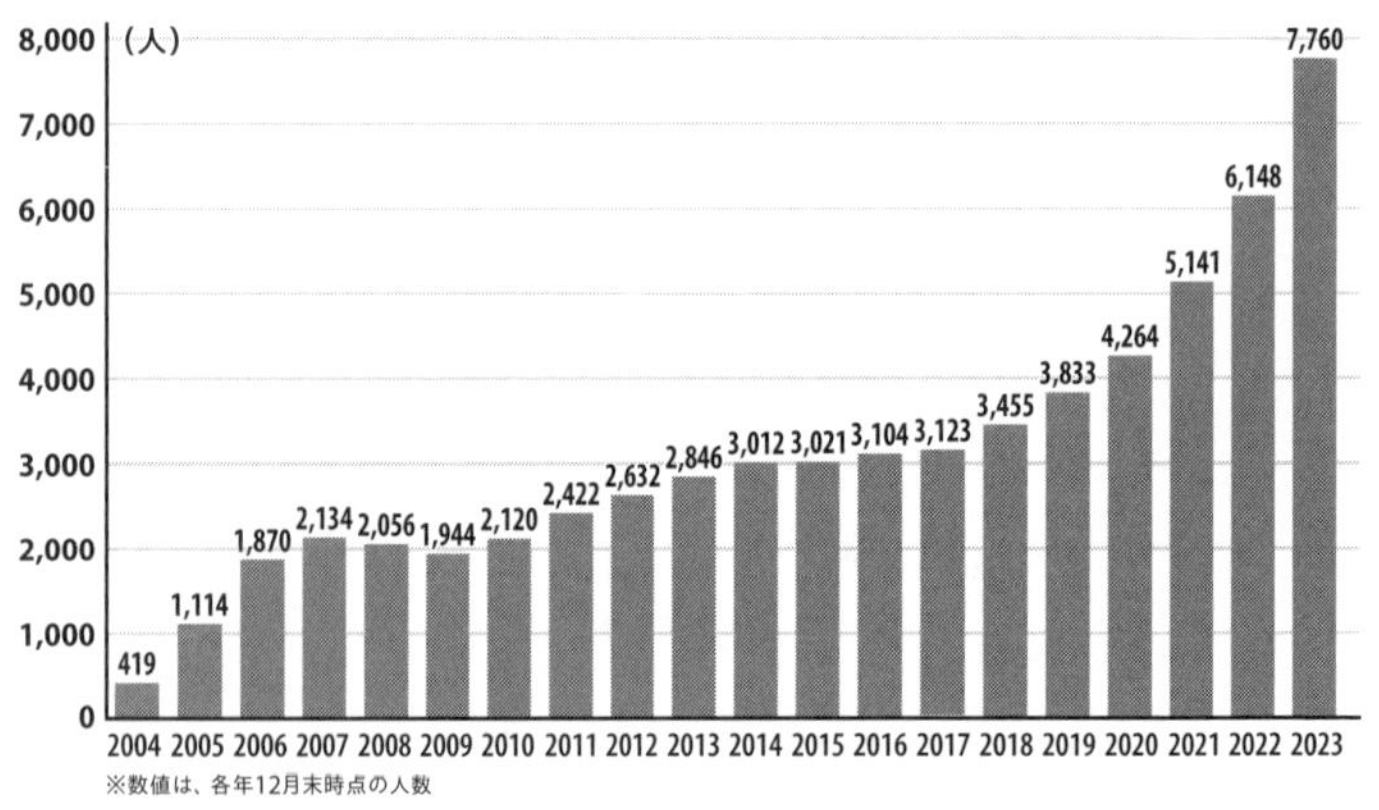

出所：日本証券業協会「金融商品仲介業者の登録外務員数の推移・2023年12月末」を基にバリューアドバイザーズ作成

そが、ＩＦＡの存在理由です。

資産運用が定着しているアメリカではＩＦＡの数が12万人を超えていて、「人生で成功するには、医師、弁護士、ファイナンシャルアドバイザーの三人の専門家が必要」と言われています。日本ではまだ欧米ほど知られてはいませんが、登録者数は増加の一途をたどり、２０２３年12月末時点で７７００名を超えました。

ＩＦＡは２００４年に施行された「改正証券取引法」による「金融商品仲介制度」に基づく業務です。スタート時点は約４００名でしたが、この20年で約19倍にまで増加し、内閣総理大臣の登録を受けた資産運用プロフェッショナルとして活躍の場を広げています。

家計の専門家と言えばＦＰ（ファイナンシャルプランナー）を思い浮かべる方も多いでしょうが、ＦＰは具体的な金融商品を推奨できず、言うなれば家計改善などに特化した役割を担い、ライフプランの作成などが強みです。

対してＩＦＡは、具体的な商品やサービスを提案することができ、かつ顧客の代わりに顧客の意向を確認した上で売買の仲介をすることができます。

長期での資産運用のサポートが強みであり、「新ＮＩＳＡ」をはじめとする個人の資産運用が広がる中、その存在感は高まるばかりです。

このように、ＦＰとＩＦＡは得意分野が異なると言えます。

50代の方たちに本書をお届けしたい理由

本書を読まれている50代以上の方たちの中には、お子様のいるご家庭も少なくないでしょう。おそらく高校生や大学生、あるいは社会人になっているかもしれません。

親世代が正しい金融知識や資産運用の知識を持っていないと、お子様に悪影響を及ぼします。２０２２年度には高等学校で金融教育が必修化されました。10代から「資産形成」「金融や経済の仕組み」「資産運用」について学ぶようになりましたが、ことお金に関しては親の教えを守る傾向にあるのが子どもです。「投資は怖い」「保険や預貯金で十分」と伝えられ続けた結果、我が子が将来、経済的に苦労することを想像できるでしょうか。

本書は50代の方たちの金融リテラシーをアップデートすることが目的ですが、学んだ知識をぜひご家族にも伝えてほしいと願います。加えて50代の方たちは、これから親の相続を控えている方も多いでしょう。親の資産を引き継ぐためにも、金融リテラシーはもちろん、その他周辺の税務知識も必要不可欠となりますので、ぜひ本書で学んでいただければと思います。

これからセカンドライフを迎えるにあたり、次のような選択肢があるとしたらあなたはどちらを選びますか？

A　投資はおろか保険商品も一切活用しないまま過ごした結果、公的年金のみに頼り、預貯金を切り崩しながら、毎日お金が減っていく恐怖と戦い、孫にお小遣いをあげる余裕もないセカンドライフ。

B　金融リテラシーをアップデートし、余剰資金で投資を始め、資産は徐々に増えていき、利益や利息を自分の楽しみや孫へのお小遣いに使い、安心と豊かさを手に入れたセカンドライフ。

当然ながら後者の方が日々の生活にゆとりがあり、豊かな暮らしであるのは言うまでもありません。実現するには今からでもまだ間に合います。

年金だけを考えると、今後減ることはあっても増えることを期待するのは難しいです。50代の方は資産運用のために残された時間が限られているからこそ、将来の生活を守るためにも、お金の置き場所を真剣に考えていただきたいです。

とりわけ本書でお伝えしたいのは『お金の置き場所をどこにするのか』です。

例えば、今から約7年前に800万円の高級車を一括で買ったとします。もち

投資をした場合の資産推移

期間	分配金	一括投資額
2017/08~2024/03	再投資	8,000,000円

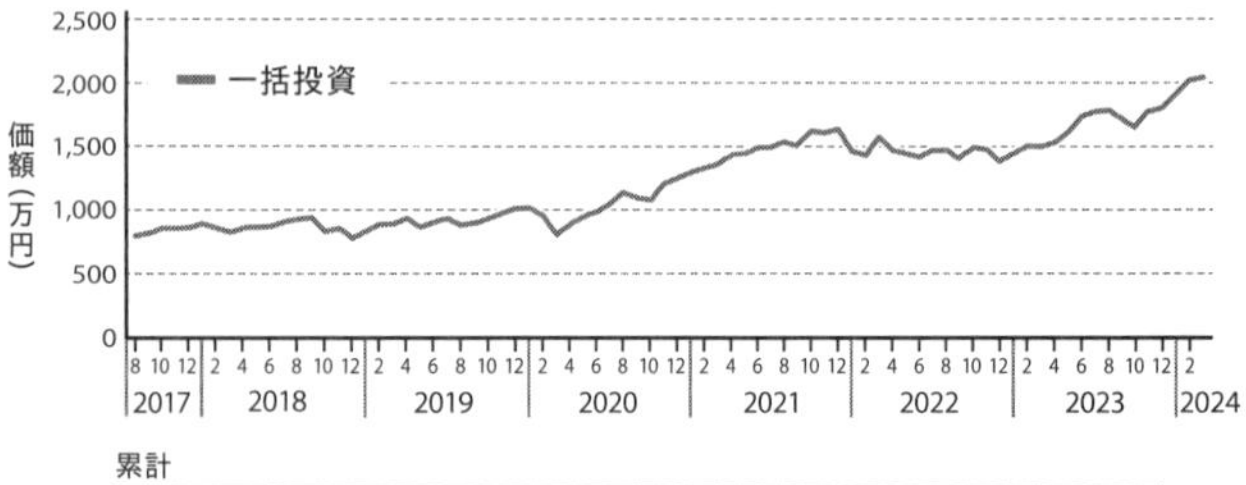

累計

	一括投資
評価額	20,367,044円
投資額	8,000,000円
損益（収益率）	**12,367,044円（154.59%）**
年換算収益率	**23.17%**

出所：投信総合検索ライブラリーを基にバリューアドバイザーズ作成

ろん車を購入するのは悪いことではありませんが、車の代わりにある投資信託を800万円で一括投資をしていたら、7年後には図のように約2000万円になっていたので、もう一台高級車が購入できるほどの利益を生み出していました。資産運用の重要性や資産運用で実際に豊かになっている人がいることを知らないと、機会損失になります。

本書では、プロローグで述べた保険商品の仕組みや身につけておくべき金融リテラシーについてより詳しく解説し、ケーススタディと共に資産運用の在り方を示します。また、各章で書ききれない内容はコラムにまとめました。

投資経験を問わず、読み進めやすいように分かりやすい解説を心掛けたので、読後には始めるべき具体的なアクションが理解できているはずです。

なお、本書は弊社代表の五十嵐修平と、執行役員であり保険部門の責任者、山越健司の共著という形をとりました。資産運用に関するコンテンツは五十嵐、保険に関するパートは山越の知見をもとに筆を進めました。

山越の前職は完全歩合制の外資生命保険会社でありながら、自身で証券口座を開設し資産運用する中で「保障は保険」「運用は証券」と身をもって体験している一人です。

２０２２年２月に証券外務員資格を取得し、弊社に入社して「保障は保険」「運用は証券」を浸透させるべく日々活動しています。

本書が投資や保険商品に対する誤解を解くと同時に、将来の安心と豊かさを生み出す新たな一歩のきっかけになれば幸いです。

２０２４年６月

五十嵐修平
山越健司

目次

第1章　加入前に知っておいてほしい保険会社、保険営業の実態！

第2章

55歳からでも失敗しない！お金の知識不足が老後不安の一番の原因

第3章 55歳からのお金の置き場所、使い方次第で人生の満足度が決まる！

第4章 保険で失敗しないためのケーススタディ

カバーデザイン　城 匡史
本文デザイン・DTP　吉野 章（bird location）
編集協力　仲山洋平、横川亜希子
執筆協力　大正谷成晴

本書は情報提供を目的としています。本書の内容は2024年7月1日現在のものであり、予告なく変更されることもあります。また、内容には細心の注意を払いましたが、正確性を保証するものではないことをご了承くださいませ。個別商品の詳細については、各金融機関に直接お問い合わせをお願いします。情報の利用によって、万が一損害が発生した場合、著者および出版社は責任を負いかねます。投資にあたっての最終判断はご自身の責任でお願いいたします。また、本書に掲載しているシミュレーション、ケーススタディはいずれも過去の実績を基にした参考値です。将来の運用成果、数値の正確さを示唆・保証するものではありませんので、ご了承ください。

第1章

加入前に知っておいてほしい保険会社、保険営業の実態！

第1章では、皆さんにとって馴染みのある保険会社や保険営業の実態に迫ります。プロローグでも述べたように、死亡や病気やケガに伴う入院など、保険は〝万が一の時〟に力を発揮します。実際にお世話になった方も多くいるのではないでしょうか。

一方の貯蓄や運用を目的とした貯蓄型保険の商品は、保険会社に支払うコストが隠れているため、保障が不要なら「お金の置き場所」として適切でないケースがほとんどです。

ところが、保険会社は保険募集人を定期的に大量採用して貯蓄型保険を積極的に販売し続けているため、加入している人が多いのも事実です。

そこで本章では、保険に対する誤解や本来あるべき保険の活用法などについて触れています。個人が証券口座を開設して投資信託や国債や社債に簡単にアクセスできる時代に、保険商品に頼った資産形成が果たしてベストなのか、一緒に考えていきましょう。

資産運用は保険会社に任さず、自分で判断・選択する時代が始まった

まず、保険会社について簡単に説明させていただきます。

保険会社とは、内閣総理大臣の免許を受けて保険業を営む株式会社や相互会社のことです。大学生の就職企業人気ランキングでは毎年上位にランクインする会社が何社もあります。

大きくは生命保険と損害保険の二種類に分かれ、前者では死亡保険、医療保険、がん保険、後者では火災保険、傷害保険、自動車保険などを扱っています。

保険会社は契約者から保険料を預かり、保障・補償内容に応じて保険金を支払う「保険業務」を手掛けているのはご存じでしょう。

これに加え、保険会社の業務はもう一つあります。それが機関投資家としての「金

融業務（資産運用）」です。

保険会社は顧客から支払われる保険料の一部を運用して資産を増やし、その資産を保険金や配当金などの財源に充てています。

加えて保険は公共性の高い事業なので、社会に役立つ事業などに投資することで、経済発展に貢献する役割を担っています。公社債や株式、外国証券、不動産などの運用によって大手保険会社の扱う金額は数十兆円にも上り、機関投資家として存在感を放っています。

生命保険会社の名を冠したオフィスや商業ビルを街中でよく目にしますが、これらはテナントから賃料収入を得るのが目的です。中には新規契約者を募る必要などなく、所有するビルの収益で存続できる会社もあると聞きます。

金融業務の原資には、貯蓄や運用を目的とした貯蓄型保険も利用されています。本来、保険は相互扶助の考え方から、少額の掛け金で大きな保障を得ることが保険契約者の目的ですから、保障が必要な人は貯蓄型保険ではなく、掛け捨て型の保険を選択すべきです。しかしながら、機関投資家としてダイナミックに資産運用をするには巨額の資金が必要です。そのため保険会社側からすると、長期に多くの保険料を集められる貯蓄型保険が有利なのです。

図のように、保険会社は皆さんからお預かりした保険料の一部をバランスよく運用しているのです。

一昔前のように、銀行預金よりは保険商品の方が高い利回りが期待できた時代であれば、教育資金やセカンドライフ資金を用意する一つの手段として、貯蓄や運用を目的に保険を活用しても良かったでしょう。

しかし今は事情が異なります。プロローグでもお伝えしましたが、何よりバブル崩壊後の保険の予定利率は下降をたどり、運用目的で加入してもリターンは期待できません。加えて、保険会社を通

一般勘定資産の構成(2022年度末:74兆4,574億円)

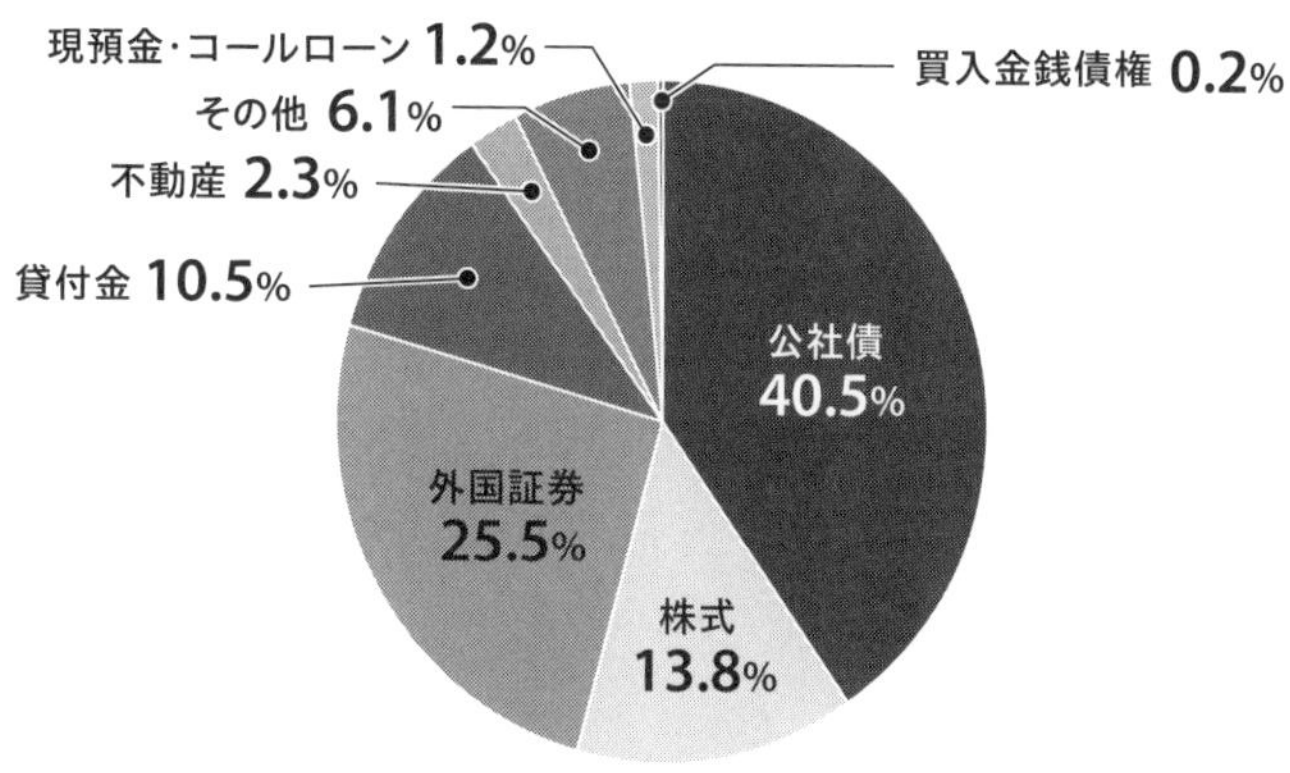

出所:日本生命保険相互会社「日本生命の資産運用について」を基にバリューアドバイザーズ作成

じて運用することで保険会社側の見えざるコストも差し引かれ、物価上昇も考えると、実質マイナスリターンになることも懸念されます。

では何で運用すべきなのか、という話題は以降で綴りますが、ネットで証券会社にアクセスできる現代においては、保険会社を介さず自身で直接運用をした方がコストが抑えられるのは当然でしょう。

保険は万が一の時に、自分や自分の家族に経済的な負担をかけない保障を目的として加入するのが主です。お金を貯める・増やすことを目的に貯蓄型保険に加入して、保険会社にお金を預けるのは本来の目的とは異なります。

インターネットが普及し、ネット証券で口座を手軽に開設できるようになった今、わざわざ高いコストをかけて保険会社に運用を任せるのではなく、ご自身で運用に取り組む時代が始まったと言えるでしょう。

日本の個人投資家がインターネットで株式を取引できるようになったのは1998年のことです。それより以前から機関投資家や一部の注文をインターネット経由で受け付けていた証券会社は存在しましたが、一般層を対象としたサービスは松井証券の「ネットストック」が国内初でした。

　これを機に、インターネットにつながるパソコンやタブレット、スマートフォンなどのデバイスがあればいつでも取引が可能になり、個別株は１００株単位から、最近ではミニ株という制度で１株からでも買えるようになりました。また投資信託は１００円単位で買い付けができます。

　かつての株券を手渡す時代から比べると、技術の進歩が個人の投資をおおいに加速させています。

　ポイントは『個人が自由に投資できる』環境が整ったということです。これは資産運用を第三者に任せるのではなく、自分自身で行う時代を意味します。その

証券口座開設数（2014年12月～2023年12月）

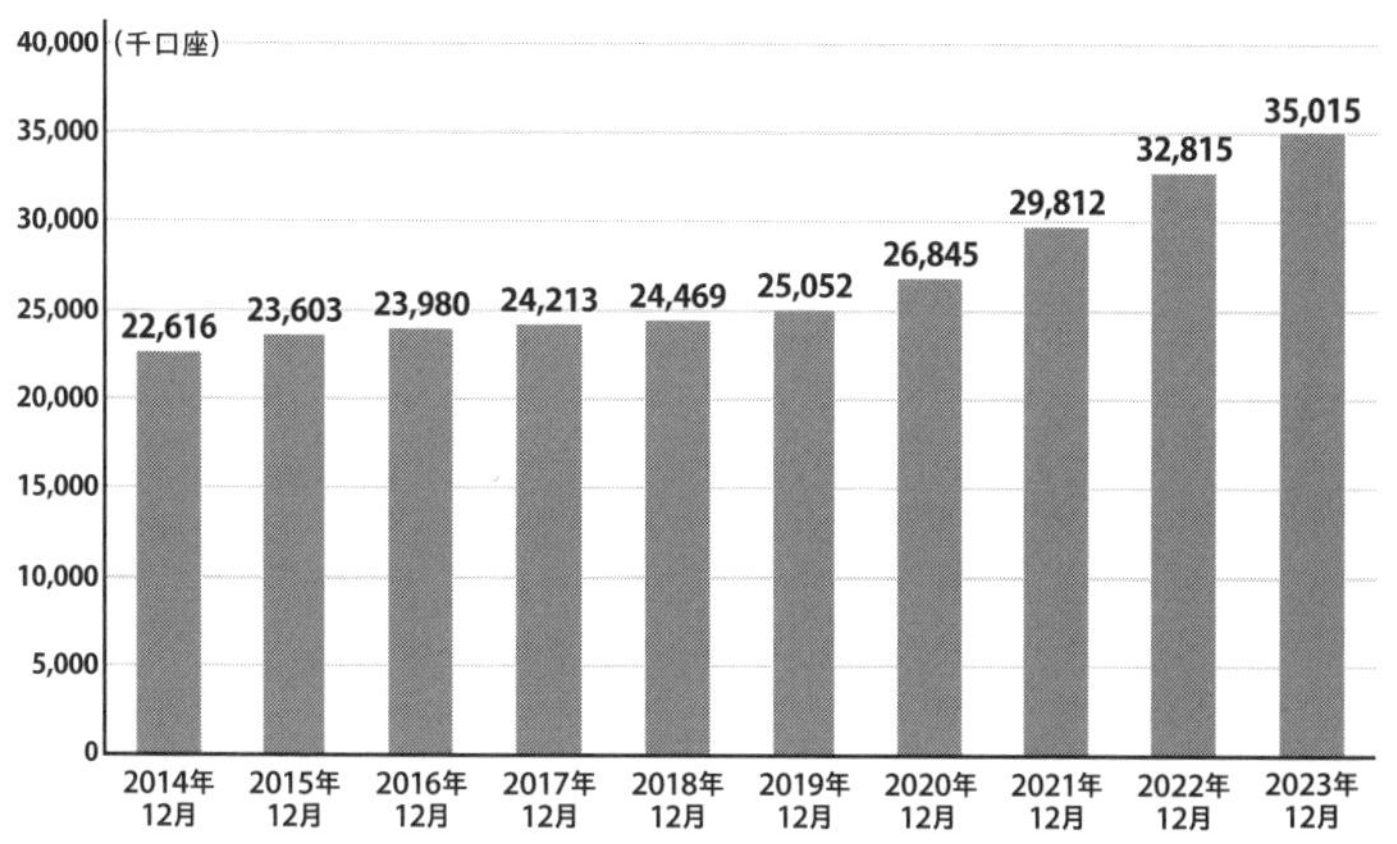

出所：日本証券業協会「全国証券会社主要勘定及び顧客口座数等」を基にバリューアドバイザーズ作成

対象は株式や投資信託のみならず、国債、社債、外貨など多岐にわたります。

現在は、ＮＩＳＡ（少額投資非課税制度）やｉＤｅＣｏ（個人型確定拠出年金）といった、税制優遇を受けながら資産運用できる制度も整備されました。

ＮＩＳＡにおいては２０２４年１月からルールが変わり、より多くの資金を非課税口座に投じられるようになっています。生涯投資枠が１８００万円と上限はありますが、株や投資信託で得た利益は非課税扱いになります。国が推奨する制度を国民が使わない手はありません。つまりは個人が投資しやすい環境が急速に普及したこの時代、貯蓄型保険より証券口座で資産運用した方がコスト面だけでなく税制面でも有利なのです。

とはいえ、保険会社は保険でしか行えない保障をお届けするという大切な役割があります。ただ、保険会社に投資したい人は保険会社が販売する貯蓄型商品ではなく、生命保険会社の株や、生命保険会社が発行する社債を活用した方が高いリターンを期待できる場合があります。

多くの保険会社は日系・外資系問わず社債を発行し、一般投資家向けに販売しています。商品は米ドル建てがほとんどですが、利率は年５％台もあります。１万ドル単位で購入できる社債もあるので、一般層が手を出せないわけでもありません。

保険会社には米ドル建ての貯蓄型商品で積立利率３％保証の保険商品もありますが、保障が不要なら「お金の置き場所」を保険会社の社債にするだけで高いリターンが期待できるのです。となればどちらを選ぶのが賢明でしょうか。

つまりは保険商品を通じて保険会社に投資するのではなく、保険会社が発行する社債を使って運用する手段を検討するのも一つなのです。

保険の本質を理解する。「掛け捨て型保険は損です」は本当なのか？

「死亡リスク」「病気やケガのリスク」「教育資金準備」「セカンドライフ資金準備」など、生命保険には目的に応じた商品が複数用意されています。ここではまず保険の基本的な形を紹介していきます。

例えば、被保険者が死亡もしくは高度障害状態になると保険金が支払われ、保険料払い込み終了後も保障が一生涯続く「終身死亡保険」。

保険料の支払い方法が一生涯続く「終身払い込み」や、契約から一定年齢・期間で支払う「有期払い込み」、一度にまとめて支払う「一時払」などがあります。一定期間加入した後に解約した場合は、支払った保険料の一部が「解約返戻金」として戻り、保険料払込期間終了後に解約すると、払込保険料の総額以上の解約返戻金を受け取れる商品もあるため、貯蓄目的で契約する人も少なくありません。

一方、終身保険と同じように被保険者の死亡・高度障害状態で保険金が支払われますが、保障期間（保険期間）が一定の年齢・期間に定められているのが「定期保険」です。保険料を支払っている期間のみ保険金を受け取ることができ、一般的に解約返戻金がない「掛け捨て型」が多いとされます。

このように、同じ保障内容であっても「貯蓄型」と「掛け捨て型」に分かれます。貯蓄型は保険料の一部を保険金の支払いのための保険契約準備金や保険会社を維持する経費、保険募集人のインセンティブに充て、残額を積み立てて運用しています。支払い保険料の全額が貯蓄や運用されていると思い込んでいる方が多いですが、支払

生命保険の種類

1 終身保険

ポイント

生涯の死亡・高度障害保障を目的としたもので、積立部分があり、保険料の払い込みが完了後も解約返戻金が増加していくタイプ。

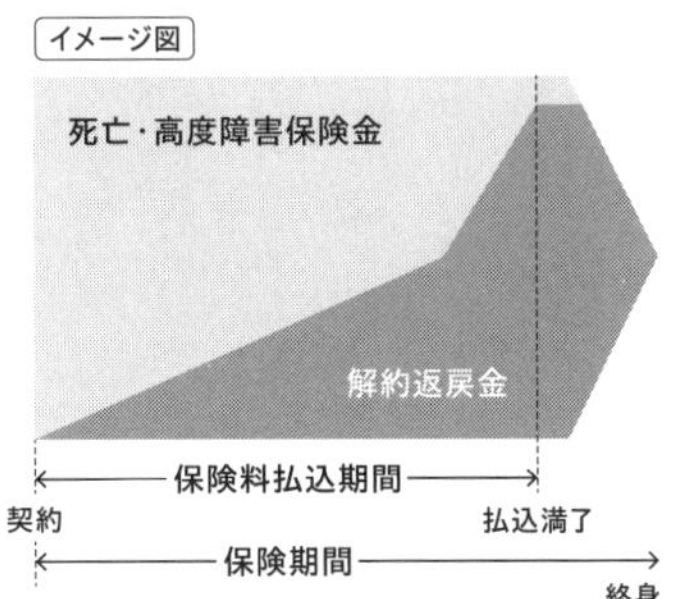

2 定期保険

ポイント

一定期間の死亡・高度障害保障を目的とする。

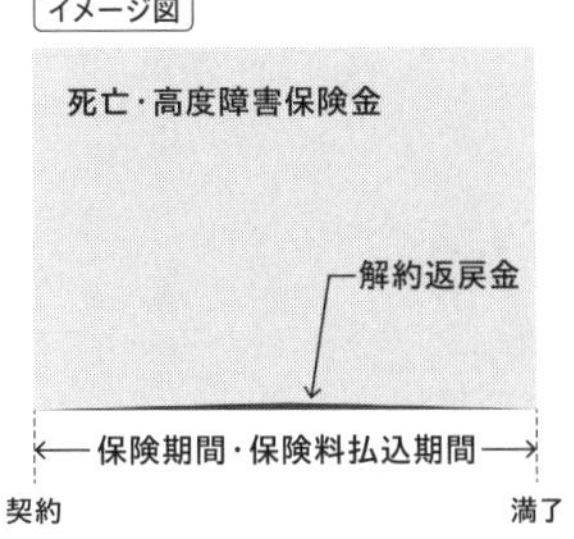

3 養老保険

ポイント

保険期間満了時の満期保険金の受け取りと保険期間中の死亡・高度障害保障を目的とする。

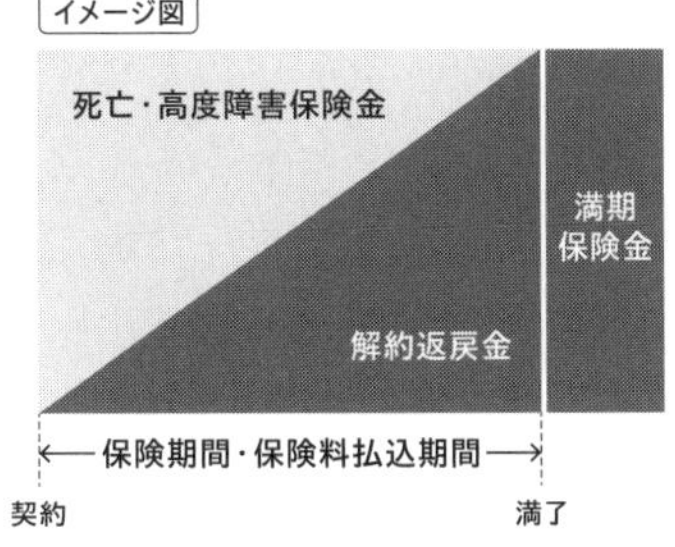

出所：バリューアドバイザーズ作成

保険料からコストが引かれた金額が貯蓄や運用に回っているのです。コストが引かれていると知らずに契約している方が多いのではないでしょうか。

掛け捨て型はシンプルで、解約返戻金が一切ないものが多く、保険契約者は支払事由に該当しなければ一円もお金が返ってきません。

ここまで聞くと、コストが引かれるといっても、掛け捨て型よりお金が返ってくる貯蓄型保険の方がお得に感じるのではないでしょうか。

保険会社は「保障を確保しながら資産を増やせる」といったセールストークで貯蓄型保険をアピールすることが多く、「掛け捨て型は損」と述べる保険募集人もいるほどです。

これは保険商品のみで考えた理論であり、本来、保険契約はその他金融資産のバランスを見ながら判断するのが大事ですから、掛け捨て型保険と貯蓄型保険のみを対比して考えること自体がおかしいのではないでしょうか。お金を貯めるのであれば銀行預金でもいいですし、会社の財形や企業型拠出年金でもいいですし、総合的にメリット、デメリットを考える必要があります。

貯蓄型保険には保障と貯蓄(積み立て)を兼ね備えたものもありますが、これが『混ぜるな危険！』です。これから貯蓄型保険の契約を検討している方がいたら、本書の内容をよく読み検討してください。また、すでに貯蓄型保険を契約している方にとっては継続するか悩みどころです。他に金融資産や不動産などの資産があり、保障が必要ない場合は不要と言えるでしょう。

ただし、保険は「行動経済学」に基づき解約しづらい仕組みになっている商品です。行動経済学については本章のコラムでも分かりやすく触れているので、ぜひ参考にしてください。

保障が必要であれば保険料負担の少ない掛け捨て型を選択し、浮いたお金は自

保険関係費用イメージ図

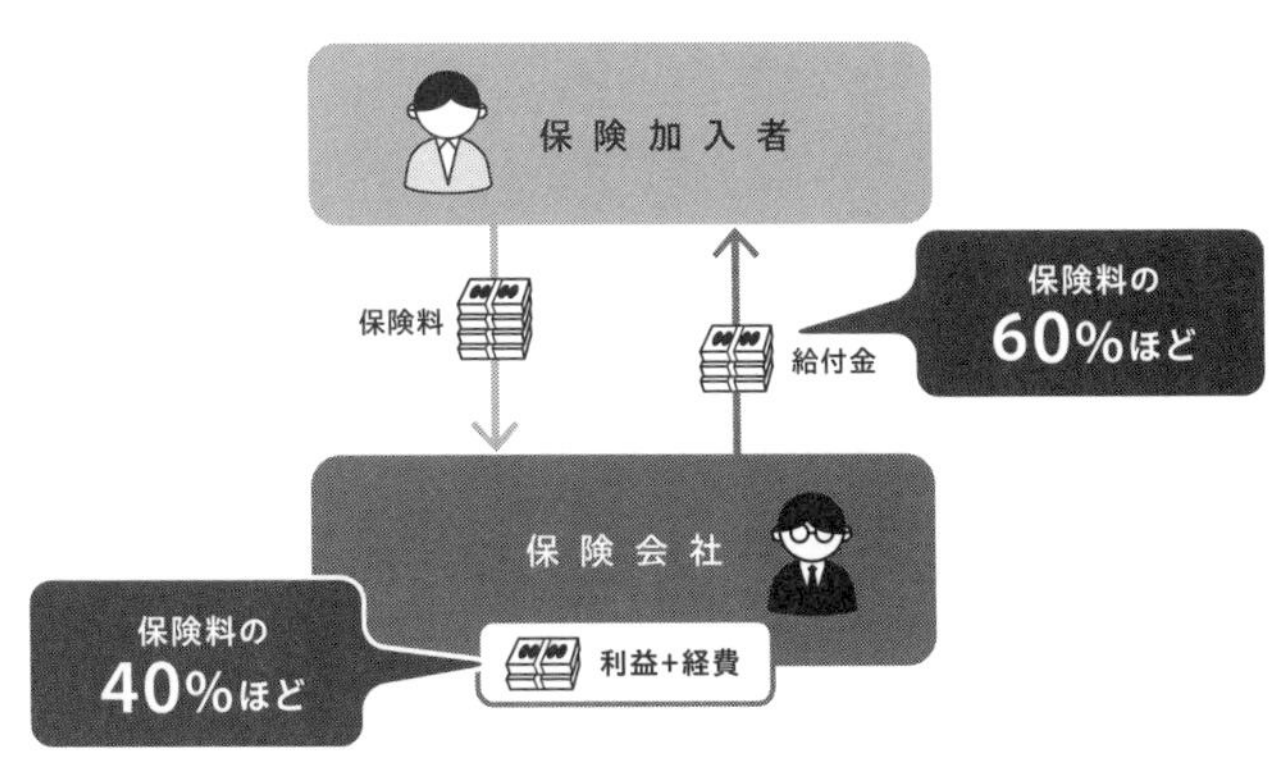

出所：バリューアドバイザーズ作成

分で運用に回した方が効果的です。「大切なお金の置き場所」のために保険会社に余分なコストを払い続けることは、経済的自由になるための最善の選択とは言えません。

ライフネット生命が決算資料で公表している「粗利率」を参考にすると、保険会社のコストがどれくらいなのかが推測できます。大体ですが、ネット生命保険会社でも40％前後なので、大手生命保険会社はこれ以上だと予測できるのではないでしょうか。

トップセールス＝金融のプロフェッショナルではない

ライフプランやお金や保険について相談をし、的確なアドバイスのもと自分にとって最善な保険商品の紹介をしてもらえると、多くの方は保険募集人を「金融のプロ」と思ってしまいます。全ての保険募集人がそうだとは限りませんが、保険商品を販売する「セールスのプロ」であり、「金融のプロ」ではない保険募集人もいます。もちろん中にはご自身で勉強され「金融のプロ」ともいえる保険募集人もいらっしゃいます。

本書を共著した山越は、「前職である外資系生命保険会社では金融市場や世界経済といった金融全般について学ぶ研修はほとんどなく、新商品の研修やお客様との信頼関係を構築するためのテクニック的な研修、高額な保険料が見込めるマーケティング開拓の研修など、セールススキルの研修がほとんどだった。そのため金融全般の知識は自分で身につけるしかなかった」と当時を振り返っています。

昨今は保険会社を退社した優秀な元保険募集人がＳＮＳで「ＮＩＳＡから保険契約へ」「変額保険の売り方」「法人保険の提案方法」「セルフイメージの作り方」など、いかにして保険商品を売るかというセミナーを開催して儲けている人も出てきています。そのような研修やセミナーは『お客様の資産の最大化』について議論されるのではなく、保険募集人の収入をいかに向上させるかが中心です。

また、優秀な保険募集人の称号でもあるＭＤＲＴ(Million Dollar Round Table)の入会基準は年間における「手数料ベース」「保険料ベース」「収入ベース」のいずれかを満たす必要があるのですが、仮に大口の顧客を一人つかまえると、条件をクリアすることができます。この称号を目にすると「世界的に認められた一握りの保険募集人」と思ってしまいますが、実力がなくても運次第で称号を得られるケースがあるのです。

図表の推移を見ると、２０２１年からＭＤＲＴの会員数が急増していることが分かります。

２０２１年はコロナウイルスの影響で、生保各社の売り上げが下がったにもかかわらず、ＭＤＲＴ会員は増えました。

実は、ＭＤＲＴの入会基準が以前と比べて半分近くまで下がったことが理由です。いまやＭＤＲＴと言っても特別優秀なわけではありません。

昨今は、保険手数料が高く設定されている特定の商品も存在します。本来であれば12ヵ月に分けてもらえる手数料を、契約月の翌月に先払いでもらえる仕組みができていて、保険手数料ベースにおけるＭＤＲＴの基準達成は過去に比べて簡単になりました。そのため、保険担当者を選ぶ際にＭＤＲＴの資格の有無を基準にすることはあまり意味がありません。

日本ではなく海外に視野を広げると、ＭＤＲＴは顧客からの「証券預かり資産からのフィー」をベースに入会していますが、日本では「保険をいくら売ったか（手数料や保険料収入）」を基準に入会している人がほとんどです。

MDRT会員の推移

2024年度 合計：8,901名

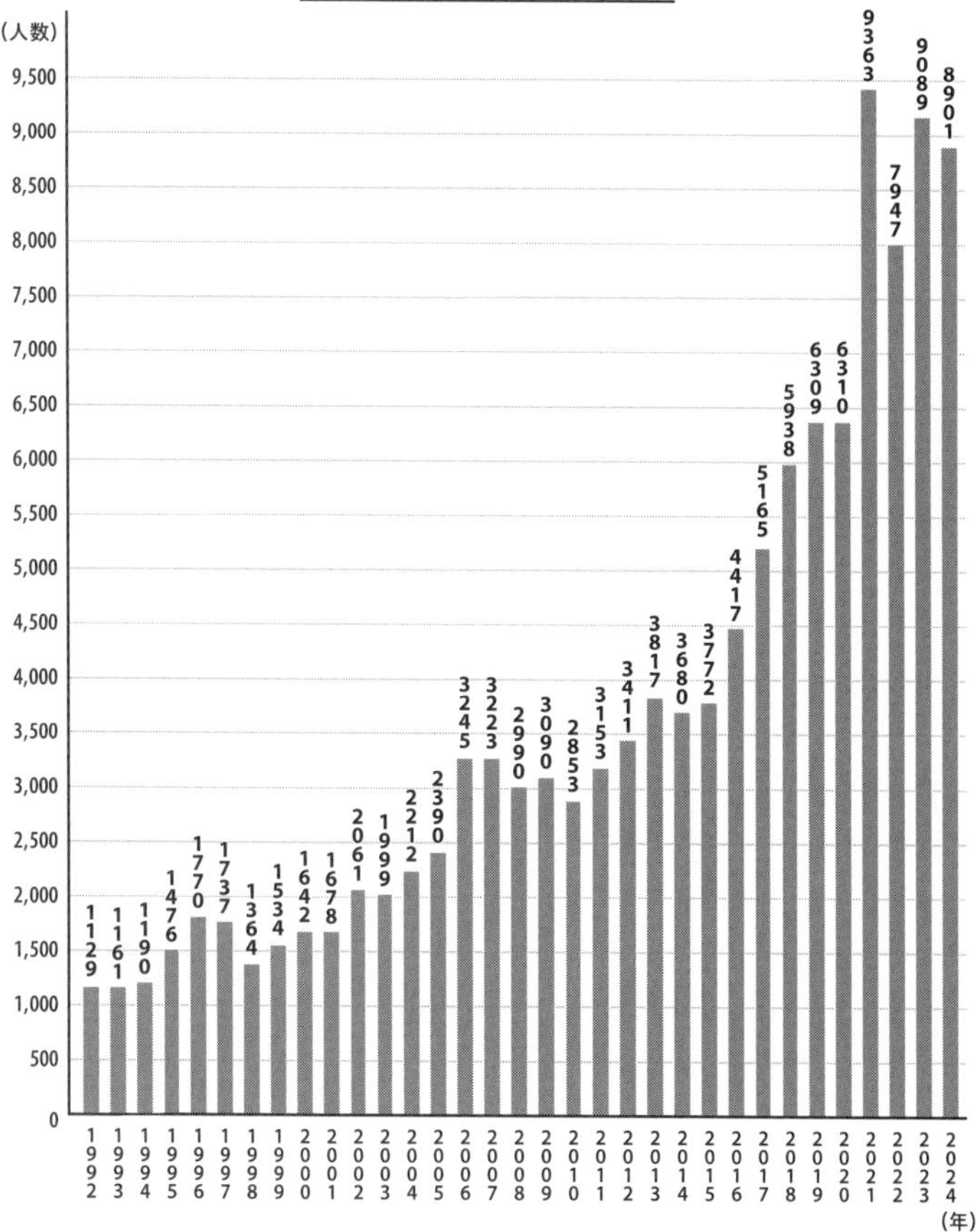

出所：一般社団法人 MDRT日本会HP「一般社団法人 MDRT日本会会員の推移（2024年度）」を基にバリューアドバイザーズ作成

ＭＤＲＴと聞くと、一般的には百戦錬磨の保険募集人として、彼らが著した書籍がビジネスパーソンの間で注目されることもあります。しかしながらその内容は「トップセールスが教える〇〇」といった営業ノウハウがほとんどで、金融商品や運用について教えている本はほとんど見かけません。その理由は「保険商品を売るプロ」であっても「金融のプロ」ではないことが多いからです。

また、販売成績で自分の来月の給与が決まる完全歩合制、いわゆるフルコミッション型の給与体系では、まず自分の生活が第一優先となり、顧客の資産が増えるかどうかは後回しになりがちです。保険業界特有ですが、先述したＭＤＲＴや〇〇杯入賞、〇〇入賞などといった称号目当てで保険を販売する人もいます。もちろん全ての保険募集人が同様の考え方ではありませんが、見極めは顧客側に求められるでしょう。

完全歩合制をうまく利用し、短期的にものすごい売上を叩き出し、自分自身がＦＩＲＥして、引継ぎもせずに数年で保険業界を去り、お客様を置き去りにして、営業スクールや講演活動といった別の活動に移る人も多くいます。

長期でのサポート、アフターフォローが必ず求められる金融商品では、担当者が魅力的なのも大事ですが、会社単位で継続的なサポートがされているかどうかも、大事な判断基準となるでしょう。

行動経済学を学ぶと、自分に本当に必要な保険か判断できる！

まず、行動経済学とは何かを簡単に説明します。行動経済学とは、経済学と心理学を組み合わせた学問領域で、人々が意思決定を行う際の行動や判断に焦点を当てて研究する学問です。

通常の経済学では、人々は合理的な意思決定を行うと言われますが、行動経済学では、実際の人々の行動は合理性から逸脱していることが多いと考えられています。保険を契約するという判断においても、気づかぬうちに非合理な判断をしていないか、事前に知っておくべき点をいくつか挙げます。

まずは社会的影響が意思決定に与える例です。相手の肩書きや地位で判断に影響が出る「権威の影響」。例えば、先ほど説明した「MDRT会員の言うことだからきっと間違いない」「〇〇生命で最上位の役職の人が言うことだから間違いない」など、所属する組織の肩書きや年齢、経歴などでバイアスがかかることがあります。

昨今多いのは、資産運用セミナーを無料開催し「先生」という権威の影響を使っているケースです。参加者側は「セミナー講師が言うことは間違いない」と思ってしまい、気づいたら貯蓄型保険を勧められていた……というケースをよく見受けます。もとは資産運用セミナーだったはず。確認しなくてはならないのは「先生」がどこの誰で、何の販売を目的にしているのかです。

保険会社所属のセミナー講師からすれば、何か保険商品を買ってもらわなければ赤字になってしまいます。自社の商品を売るための保険募集人は先に「無料」で情報を与え、その後の面談で断りづらくします。

人は何かしてもらった相手に報いようとする性質があるので、保険の契約という形で恩を返そうとします。これを「返報性の法則」といいます。

「遠くから時間をかけて会いに来てくれた」「保険相談だけではなく住宅ローンなどの相談に乗ってくれた」「プレゼントをくれた」など、知らず知らずに人は何かをしてもらったら、何かを返したくなる生き物なのです。

今はずいぶん少なくなったと聞きますが、保険営業では「GNP商法」もいまだ健在です。GNP商法とは「義理（G）」「人情（N）」「プレゼント（P）」の三要素を盛り込んだ営業手段のことです。

厳しいノルマが課せられる生命保険業界で、保険募集人は契約を得るために義理や人情に訴えかけたり、時にはプレゼント攻勢をかけるなど、これらを巧みに使って契約を得ようとします。

技術が進展して保険もネットで見積もりや契約ができるようになったものの、GNP商法は廃れることなく、これを武器にする保険募集人が多くいることを忘れてはいけません。

返報性の法則を知っておくことで、保険の特徴を冷静に見極め「本当に自分に必要な保険かどうか」を判断できれば問題ありません。無料よりも高いものはないと肝に命じておきましょう。

他にも「〇〇さんも入っている」「〇〇さんがコマーシャルをしている」といった、著名人を取り上げることで安心する気持ちになる経験をお持ちの方は多いのではないでしょうか。これを「ハロー効果」といいますが、巧みな言葉につられるのはよくある話です。

弊社のグループ会社である日本金融教育センターでは、金融教育の一環として、オリジナルのボードゲームを活用した資産運用セミナーを有料で行っています。有料の代わりといっては何ですが、特定の金融商品やサービスをお勧めすることは一切ありません。

なぜなら、セミナー開催の目的は保険商品の販売ではなく「投資教育」つまりは個人の金融リテラシーを向上させ、ご自身で良いか悪いかの判断ができる能力の習得だからです。

有料でやるからこそ講師陣にも熱が入りますし、クオリティの高い情報や、弊社が設立当初よりお客様に届けてきた実績とノウハウを惜しみなく提供しています。

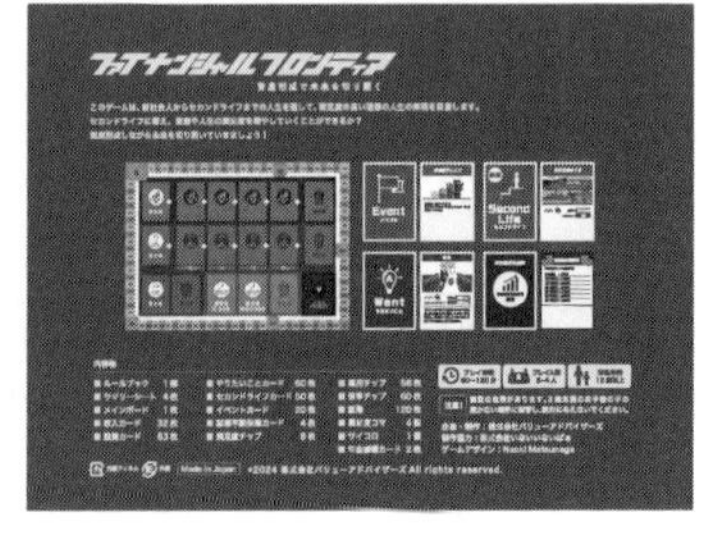

オリジナルボードゲーム

なぜ保険会社は完全成果報酬？離職率、顧客の引継ぎの実態は？

多くの業種は固定給なのに、保険募集人の仕事は完全成果報酬が多いのはなぜでしょうか。顧客にとっては住宅の次に高い買い物と言われる商品なのに、転職した翌月から販売しなければ食べていけなくなるこの仕組みをおかしいとは思いませんか？　転職したばかりの人間を、保険または金融のプロフェッショナルと果たして呼べるのでしょうか。

保険営業を一発逆転の機会と捉え、うまく利用して数千万円の年収を手に入れることができれば富裕層への仲間入りも夢ではありません。一攫千金のチャンスがあるビジネスとも言えるでしょう。

しかしその一方で、保険の契約が短期で解約されると保険会社への返金が必要だったり、その後の歩合率が下がるなどのペナルティも厳しい職種であることは事実です。

保険会社からすると「完全成果報酬」と言えば保険募集人のやる気を誘うことができますし、商品を売った者に対してのみ報酬を支払えばいいので、正社員で雇用するより人件費のコストを抑えられるのも理由の一つです。

また、保険募集人の3年以内の離職率は8割と非常に高いです。退職者には成果報酬を支払わずに済む上に保険契約の大半は継続されるため、保険会社にとって完全成果報酬は好都合な仕組みなのかもしれません。読者の中にも、保険の担当が退社してしまった方もいるのではないでしょうか。

一部の生命保険会社における社内側の問題ですが、退職した保険募集人の契約を引き継いだ保険募集人は、保険の乗り換えもしくは追加契約をしてもらわないと自分の営業成績にならないことがあります。給付履歴があり保険の乗り換えや追加契約が難しそうな方や、高齢者で保険契約の追加が見込めない方には、積極的に時間を割くことが難しいケースもしばしばあります。個人事業主の彼らは交通費も実費ですから、どうしても損得勘定が働いてしまうのは避けられない事実かもしれません。

昨今、保険募集人の人気は落ちつつあり採用担当も困っているようです。また、保険募集人の高齢化や引き継ぐ担当者の不在により、金融商品は必ずメンテナンスが必要であるにもかかわらず、保守点検がされないまま金融のプロフェッショナルではない若手に引き継がれ、「社会問題化」していくのではと懸念しています。

ここでお伝えしたいのは、金融商品またはお金に関する悩みには途切れることのないサポートが重要だということです。当たり前の話ですが、保険募集人の個人的な退職や会社側の仕組みによる問題で、お客様へのサポートを途切れさせてはいけないと、私たちは考えております。

これまでに述べたように、保険会社や保険営業は独特の商習慣があり、それらは必ずしも顧客側に寄り添っているとは言えないかもしれません。公共性の高い事業と言われますが、営業現場の実態としてそぐわない点はいくつもあります。

これらについて少しでも知っておくことで「本当に必要な保険商品のみを契約し、余剰資金で運用する」といった考えが身につくはずです。

しかしながら、いざ資産運用を始めるには基本的な投資の知識が必要です。

次章では、皆さんに知っておいていただきたい「失敗しない投資のルール」について取り上げます。本格的な学びに進んでいきましょう。

コラム

行動経済学について学び、日々の非合理な行動を防ぐ

日常生活では「契約したものの全く行けていないジムの月会費を払い続ける」「必要ではないのに限定品だからと購入してしまう」「着ることはないのに高額なコートだったからと捨てられずクローゼットにしまっておく」など、本来なら合理的に対処すべきと分かっていても「今回は特別だから」「面倒なので」「もったいないので」という気持ちが勝り、つい非合理に行動することがあります。

この理由を研究したのが、経済学と心理学を組み合わせた「行動経済学」です。ビジネスなどさまざまな分野で応用され、資産運用における不可解な行動についても行動経済学に照らし合わせるとその理由が明確になり、回避できるようになります。代表的なものを見ていきましょう。

◉損失回避バイアス

人は損失を避けるような意思決定を下す傾向が強いことを指します。

例えば、含み損のある個別株や投資信託を売るに売れず塩漬けにするのは、まさに損失回避の気持ちが働いているからです。本来であれば損切りを行い、戻ってきた資金で次のチャンスを探るべきですが「損失を確定したくない」という意識が強いあまり、損切りができないのです。保険契約では保障は必要ないのに、今まで支払ってきた保険料より解約返戻金が超えるまで支払い続けるという行動に表れます。元々保険は解約返戻金を増やすために加入する商品ではないのに、一時的な損のために解約しづらい商品設計になっているのです。

◉現状維持バイアス

未知なものや変化を受け入れず、現状維持を望む心理作用を指します。

例えば、資産運用の重要性は理解しながらも「預貯金のままでいい」「今の保険で十分」などと現状に甘んじ、新たな行動を移すことのできない人はたくさんいます。「このままではまずい」と気づいていても、変化を避けて決定を先送りにし、現状維持を望みます。親世代から慣れ親しんできた貯蓄型保険を、時代の変化に対応せずそのまま継続してしまうのは気をつけましょう。物価上昇もあり、気づいた時には老後破綻ということはこれからの時代おおいに起こりえます。

◉サンクコスト効果

すでに使った費用・コストに対して「もったいない」という心理が働き、合理的な判断が下せなくなる現象を指します。

先ほどの損失回避バイアスと同様、含み損を損失として確定させることを回避したり、含み損があってもいずれプラスに転じると楽観的に構えるのもサンクコスト効果が働くからです。これまでの投資を無駄にしたくないという心理が大きく関係しています。今まで支払ってきた保険料がもったいないと思ってしまうのもこのサンクコスト効果が大きく影響しています。過去よりも、今後費やしていく時間や資金の方が大切ですから、きちんと判断すべきです。

◉所有効果

人は自分が所有する物品に対して、市場価値よりも高い価値を見出す傾向があります。つまり同じ物品であっても、所有者が変わることでその価値が変化するという現象です。自分が持っている所有物がなかなか捨てられないのは、この所有効果が関係しています。

若い頃に加入した貯蓄型保険（所有）だから価値が高いと思いがちですが、幅広い金融商品の中から客観的に考える必要があります。金融リテラシーをアップデートした今、もう一度その商品に加入、または所有するべきかを判断し、時には捨てる決断もしてみましょう。

このように、資産運用における合理的でない行動の多くは行動経済学で言い表すことができます。知識として理解することで合理的な行動にシフトすることが大切です。弊社のＹｏｕＴｕｂｅで分かりやすく説明しているのでご参考ください。

また、非合理に行動する意識を改革するには第三者への相談も必要不可欠です。私たちのような専門的な知見を持ったアドバイザーを相談相手としてぜひご活用ください。

バリューアドバイザーズ
YouTube チャンネル

第2章

55歳からでも失敗しない！お金の知識不足が老後不安の一番の原因

第1章では、保険業界および保険会社のビジネスモデルなどに切り込み、貯蓄や運用を目的とした貯蓄型保険は、契約者にとって必ずしも有益ではないと述べました。その結論として申し上げたいのが「保障は保険」「運用は証券」という資産使途の切り分けです。

しかし「今から投資を始めましょう」と言われても、何から手をつけてよいか分からない方もいるでしょう。本章以降では基本的な投資のルールについて解説していきますが、まずは投資に関する基本的な知識を持つことが大切です。

そこで本章では、知っておくべき金融や投資のトピックについて単語ベースで触れ、資産運用に対する土台を築いていきます。

まず投資を始める前に「なぜ今投資が必要なのか」その理由を簡単に三つ紹介します。

①超低金利
②インフレ（物価上昇）
③長寿化

詳しくは以降で述べますが、私たちが生きていく環境は常に変化し続けています。〝生き残るのは最も強い者でも最も知恵のある者でもない。最も変化に適応できる者である〟というチャールズ・ダーウィンの言葉があるように、私たち日本人も変化を恐れず受け入れていきましょう。

これからの社会で「投資の世界」を知ることは、生きていく上で欠かせない教養かつセンスと言えます。スポーツと同じで、いきなり次の日から上手くなることはありませんが、少しずつ「投資の世界」に慣れていきましょう。

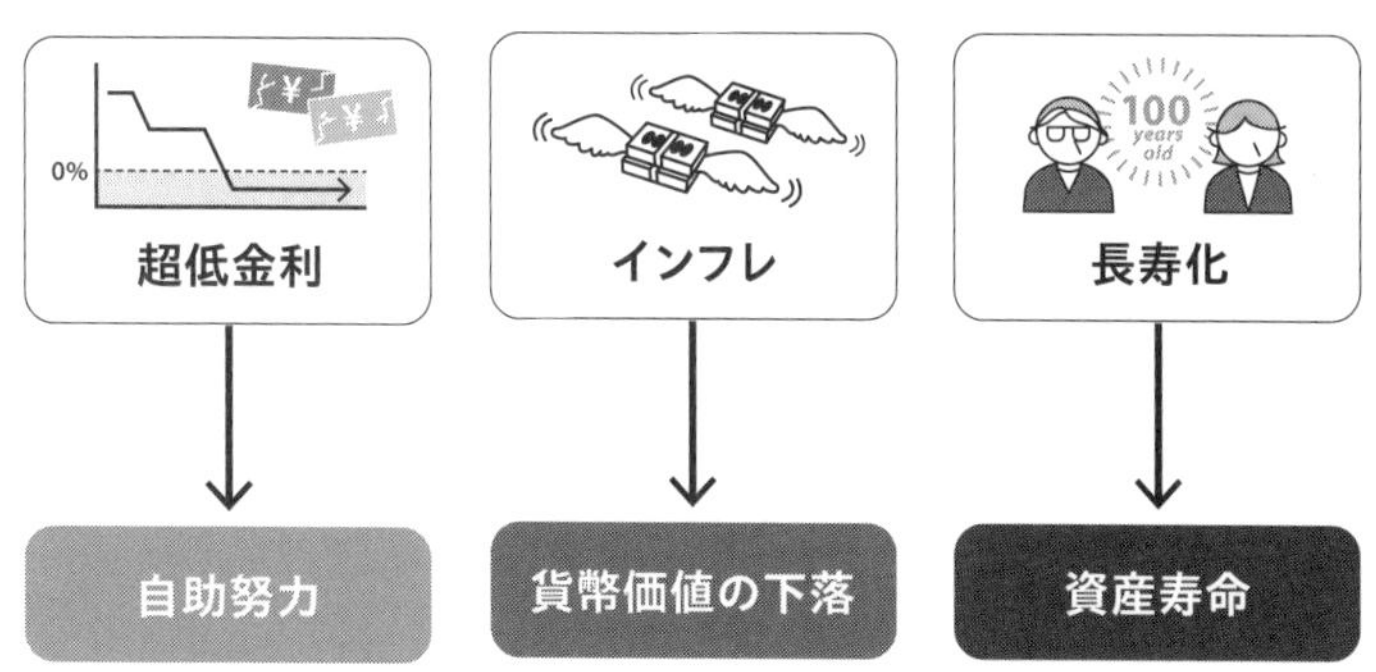

出所：バリューアドバイザーズ作成

実は誰もが投資家？国民年金保険料も立派な投資

証券会社に口座を開き、個別株や債券、投資信託を取引していないと「自分は投資家でない」と思いますが、実は違います。成人した国民は間接的にかかわっていることがあり、投資家と言えなくもありません。

例えば私たちの生活でお馴染みの国民年金。会社員であれば勤務先を通じて、自営業の方であれば直接、毎月保険料を納めています。

日本の公的年金制度は、現役世代が支払った保険料を高齢者の年金給付に充てる「賦課方式」で成り立っていますが、これは納めた保険料をそのままスライドさせているわけではありません。集められた保険料は年金積立金として、ＧＰＩＦ（年金積立金管理運用独立行政法人）が管理・運用をしていて、その規模は２２６兆円を超えています

（２０２３年12月末時点）。

GPIFとは日本の年金資産を運用するための公的機関であり、厚生労働省によって２００６年に独立行政法人化しました。主な目的は、厚生年金基金および共済年金基金の積立金を適切に管理し、効果的に運用することです。これにより、将来の年金給付を安定的かつ持続可能なものにすることを目指しています。また、適切かつ効果的な運用を通じて積立金の増加を図り、年金制度の健全性を維持・向上させることが期待されています。

投資先は「国内債券」「外国債券」「国内株式」「外国株式」で、その割合はそれぞれ25％前後と、ほぼ均等の配分になっ

GPIFの資産構成の割合

	第3四半期末（2023年12月末）（年金積立金全体）		
	資産額（億円）	構成割合［4資産］	構成割合［債券・株式］
国内債券	583,450	25.77%	50.21%
外国債券	553,277	24.44%	
国内株式	558,258	24.66%	49.79%
外国株式	569,157	25.14%	
合計	2,264,142	100.00%	100.00%

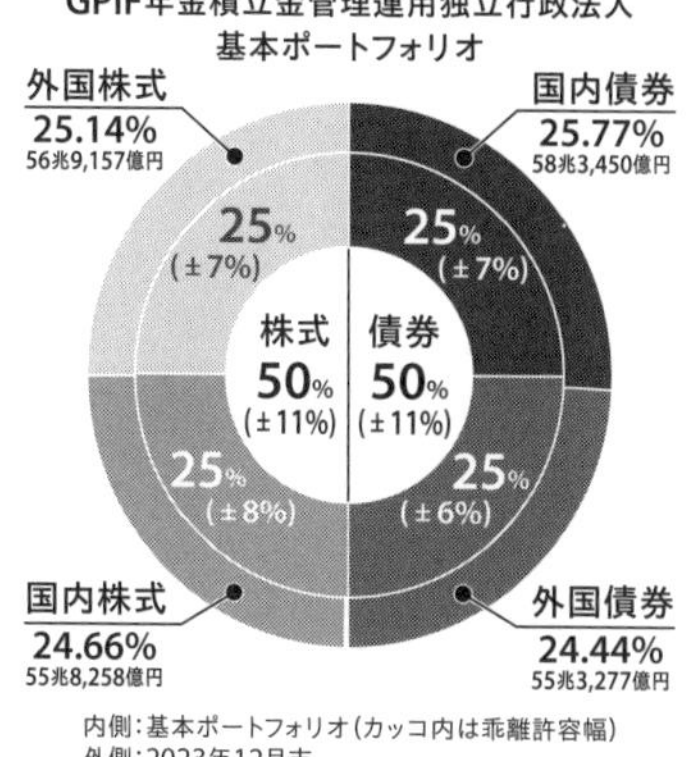

出所：年金積立金管理運用独立行政法人HP掲載データを基にバリューアドバイザーズ作成

ています。さまざまな資産クラスに分散投資をすることで、リスクとリターンの最適化を図るためです。国民から預かった保険料を大切に扱うため、ハイリスクの投資は避ける必要があります。

ＧＰＩＦはその資産規模の大きさから、世界最大の年金基金の一つとされ、その投資活動は世界経済において大きな影響力を持っています。そして運用を通じて年金積立金を増やしているからこそ、高齢者に安定的に年金が給付されます。保険料を運用に回しているという点で、私たちも間接的に投資にかかわっていると言えるでしょう。

なお、直近におけるＧＰＩＦの運用状況ですが、２０２３年度は第３四半期時点で期間収益率はプラス２・６２％、同収益額はプラス５兆７２８７億円でした。

市場運用開始以降（２００１年度～２０２３年度第３四半期）の収益率は「年率３・９９％」、収益額は「１３２兆４１１３億円（累積収益額）」を実現しています。相場が下がるとＧＰＩＦ〇〇兆円のマイナスと、どれだけ下がったかということが報道されますが、長期的にみると高いパフォーマンスを出しています。

私たちはこういった情報に一喜一憂することなく、長期的な視点で運用成績を確かめることが必要です。運用実績はＧＰＩＦのホームページで公開されているので、時折アクセスしてみてください。

一方、GPIFの運用がプラスだからといって、読者世代の年金給付が十分な金額になるとは限りません。ご存じの通り日本では少子高齢化が加速していて、保険料を支払う現役世代は減る傍ら、長寿化が進むと高齢者が増えるので、給付費はかさみます。

公的年金制度ではこれら人口変化の影響を毎年の年金額に反映させているので、今後の見通しが明るいとは言えません。

厚生労働省の「令和4年度厚生年金保険・国民年金事業の概況」によると、2022年における厚生年金受給者の平均年金受給額は老齢厚生年金で月額14万4

市場運用開始後の四半期収益率と累積額（2001年度～2023年度第3四半期）

	2023年度第3四半期	市場運用開始以降 （2001年度~2023年度第3四半期）
収益率	+2.62%（期間収益率）	+3.99%（年率）
収益額	+5兆7,287億円（期間収益額） うち、利子・配当収入は1兆3,333億円	+132兆4,113億円（累積収益額） うち、利子・配当収入は50兆5,529億円
運用資産額	224兆7,025億円（2023年度第3四半期末現在）	

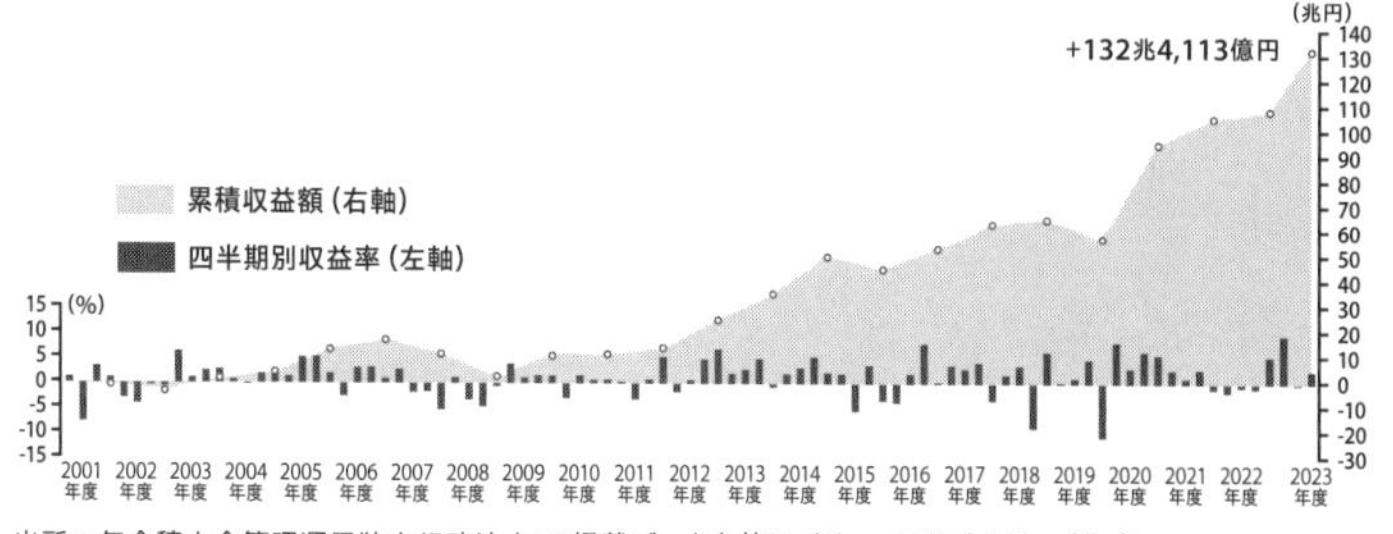

出所：年金積立金管理運用独立行政法人HP掲載データを基にバリューアドバイザーズ作成

982円。国民年金受給者の平均年金受給額は老齢年金（加入25年以上）で月額5万6428円でした。

10年前は前者が月額15万1374円、後者は月額5万4856円、20年前は同月額17万3565円、同月額5万2291円だったので、とりわけ厚生年金の減少が際立ちます。

また、国民年金（基礎年金）の抑制は2046年まで続くとされ、年金の目減りは避けられそうにありません。国民年金の給付水準の維持、底上げを目指すため、保険料の納付期間を現行の60歳から65歳までと、45年間にする検討も始まっています。

年金を受け取り始める時点（65歳）における年金額が、現役世代の手取り収入額（ボーナス含む）と比較してどのくらいの割合かを示す「所得代替率」も2014年の62・7%が2019年には61・7%に低下しました。2024年には60・2%となり、今後さらなる下落が見込まれます。

現行の年金制度では、給付水準の下限を50%に定めていますが、財政検証によると経済成長と労働参加が進む最良のケースで2040年半ばには51・9%、進まないと50%を割り込むとされています。

かつて、老後に必要な年金収入が不足する「年金2000万円問題」が取り沙汰されましたが、人生100年時代において多くの人は老後資金の課題に直面するでしょう。

また、物価上昇が加速していく見込みもあります。老後を豊かに過ごすためにも適切なお金の置き場所を検討し、実践していきましょう。

将来の漠然とした不安を解消するためには、まず現在地を確認することが大切です。将来自分が受け取る年金額は次の方法で確かめることができます。

①毎年誕生月に届く「ねんきん定期便」を確認する
②「ねんきんネット」で試算する
③年金事務所・年金相談センターに問い合わせる
④公的年金シミュレーターを使う

厚生労働省
公的年金シミュレーター

年金額を把握しておくと、理想のセカンドライフに向けて早めの対策を打つことができます。安定した収入があるうちに準備を始めることで打ち手の幅が広がり、時間を味方につけて資産を増やせる可能性も高まります。定期的にチェックすると同時に、本書で提案する王道の投資方法にトライしていただきたいところです。

実は円預金も投資

銀行の円預金も同様に投資と言えます。預金者が預けたお金を利用して資金ニーズのある企業に融資したり、他の投資活動で得た利益から預金者に対して利子を支払っています。

預金者は間接的に投資にかかわっているので、リターンはわずかとはいえ利子がつきます。これは、円資産に投資していることに他なりません。

2024年3月にはマイナス金利が解除されましたが、銀行にお金を預ける円定期預金金利はメガバンクで0・02％ですから、100万円を1年間預けたとしても200円（税引後は160円）しか利息を受け取れません。ネット銀行は0・1～0・3％台と高くなりますが、それでも得られるリターンには限りがあります。

ところが、各銀行の金融グループは社債を発行していて、例えば三菱ＵＦＪフィナンシャル・グループの場合、２０２３年9月に募集をかけた運用期間が約10年の円建て劣後社債の当初5年4ヵ月の年利率は１・６７２％、２０２４年1月時点で販売中の米ドル建社債（２０３１年2月22日満期）の初回コール利回りは年４・６５１％です。

同じ金融グループにお金を預けてもほぼ増えませんが、貸すと高いリターンをもたらします。ところがこういった商品があることを銀行の方はあまり教えてくれません。消費者側も意識して調べないと情報に辿り着くことはないでしょう。

なぜ投資が怖いと感じるのか？

「親が投資で失敗した」「投資はお金持ちがするもの」「投資と聞くと投資詐欺が頭をよぎる」といった理由から、投資に対して「分からない」「怖い」といったイメージを抱く方は少なくありません。

50代以上となるとどうしてもセカンドライフを意識し始めるので、今ある資産を減らしたくないばかりに、投資に拒否反応を示す方もいます。

ところが昨今はＮＩＳＡやｉＤｅＣｏといった投資を後押しする公的な制度が充実し、ＡＩを活用した投資のサポートツールなども登場しました。

何より低金利の円預金や、予定利率が低くコストパフォーマンスに優れない貯蓄型保険をお金の置き場所に選んでも、昨今の物価上昇に追いつくことはできません。

株や投資信託に元本保証はなく、未体験の投資を今から始めるのは怖いという気持ちは理解できます。しかし身の回りを振り返ると、気がつけば当たり前になっていたことはたくさんあるはずです。

例えばスマートフォン。２００７年にＡｐｐｌｅが「ｉＰｈｏｎｅ」をアメリカで発売し、翌年には日本にも上陸しましたが、当時は世にも珍しいデバイスを懐疑的に捉えた人は少なくありませんでした。

ところが内閣府の消費動向調査によると、２０２３年における世帯ベースでの普及率は89・9％とほとんどの世帯がスマートフォンを所有しています。

おそらく読者の皆さんも所有し、通勤中や隙間時間にディスプレイを覗き込んでいるのではないでしょうか。いざ使ってみると便利さもあり、いまさらガラケーには戻れません。

コロナ禍を機に普及したオンラインミーティングも同様です。かつて、打ち合わせや会議は対面が当たり前でした。電話やＷｅｂで済ますのは失礼という風潮すらあり、仕事はオフィスでする文化も根づいていて、テレワークが許されるのは一部のビジネスパーソンだけでした。

ところが総務省の「令和4年版通信利用動向調査」によると、テレワークを導入している企業は50％を超え、在宅で仕事をする人は増えています。これに伴い、オンラインミーティングも一気に普及しました。以前に比べて出社や出張が減った方もいるのではないでしょうか。ビジネスコミュニケーションは対面が必須と思っていた当たり前が一瞬で一変したのです。

全てに共通することですが、最初は誰もが「スマートフォンは難しい」「Ｗｅｂ会議は効率が悪い」と疑心暗鬼になっていても、いざそのものに触れてメリットを享受すると、すんなり受け入れるものです。

投資についても同様です。それを示すかのように2023年9月末における証券会社のＮＩＳＡ口座数は１３５６万口座と、２０２２年末と比較して15％も増えました。

また、同時期における投資未経験者の割合は一般ＮＩＳＡが52・9％、つみたてＮＩＳＡが90・9％と、ＮＩＳＡをきっかけに投資を始める人が増えているのが分かります。

年代別ＮＩＳＡ口座数は30代（２８１万口座）、40代（２７３万口座）に次いで50代（２２４万口座）が多く、読者世代の多くの方が株や投資信託を通じた資産運用にトライしています。

日本銀行の「資金循環の日欧米比較」によると、２０２３年3月末時点の家計の金融資産構成において、現金・預金の割合は日本が54・2％であるのに対してアメリカは12・6％、株式と投資信託の

NISA口座数の推移

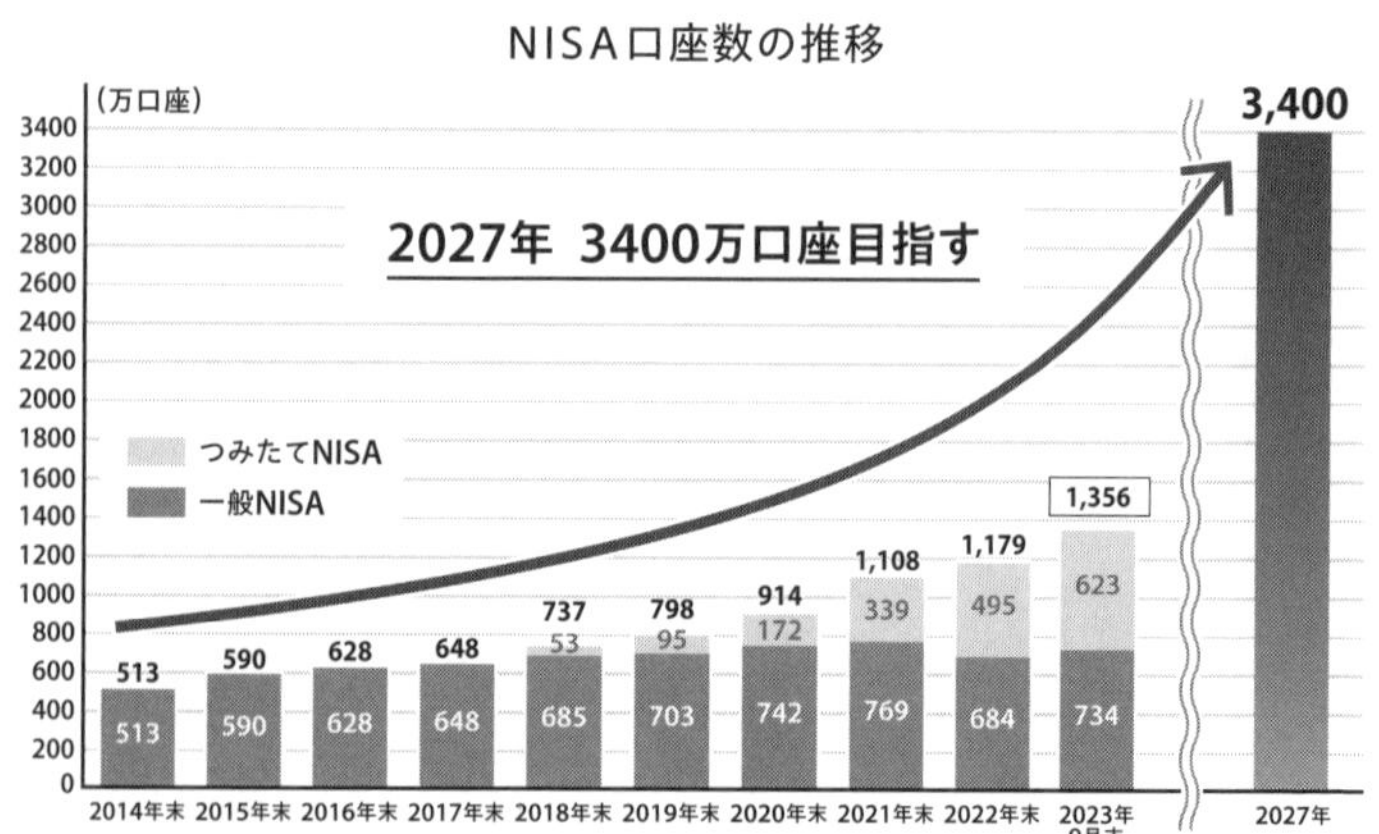

出所：日本証券業協会「NISA口座開設・利用状況調査結果（2023年9月30日現在）について」を基にバリューアドバイザーズ作成

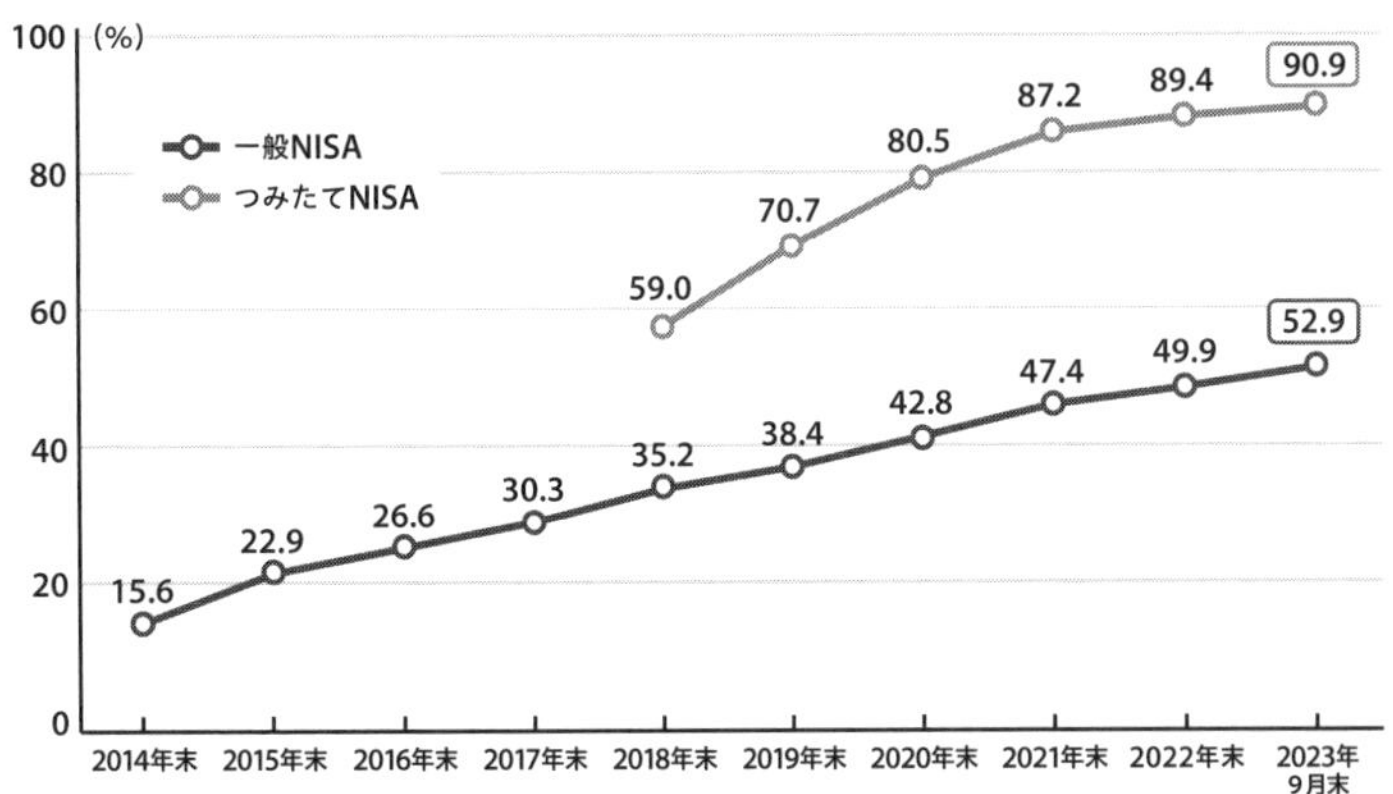

出所：日本証券業協会「NISA口座開設・利用状況調査結果（2023年9月30日現在）について」を基にバリューアドバイザーズ作成

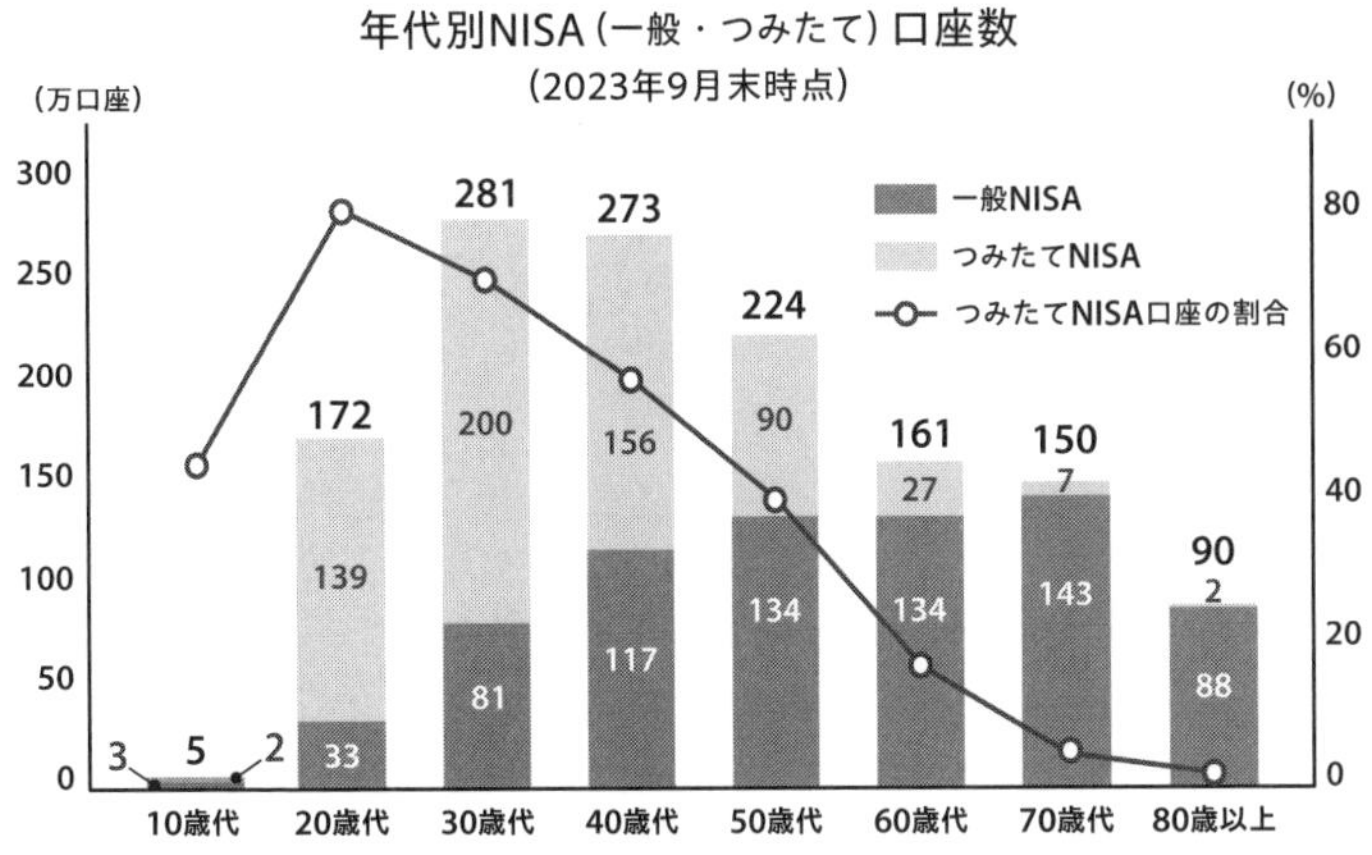

出所：日本証券業協会「NISA口座開設・利用状況調査結果（2023年9月30日現在）について」を基にバリューアドバイザーズ作成

合計は日本が15・4％、アメリカは51・3％と、構成比率はほぼ真逆になっています。アメリカの割合が適切かどうかは測りかねますが、家計の半分以上が現預金という日本の状況は、欧州（現預金35・5％、株式・投資信託31・1％）に比べても高いことは紛れもない事実です。

国税庁によると、2022年時点の民間企業の平均給与は458万円と、2年連続で増加しました。一方、税や社会保障費の負担は増すばかりで、幅広い品目の値上げも相次いでいます。

厚生労働省の「毎月勤労統計調査」によると、2023年10月の実質賃金は前年同月比2・3％減と、19ヵ月連続でマ

先進国の家計金融資産の構成比

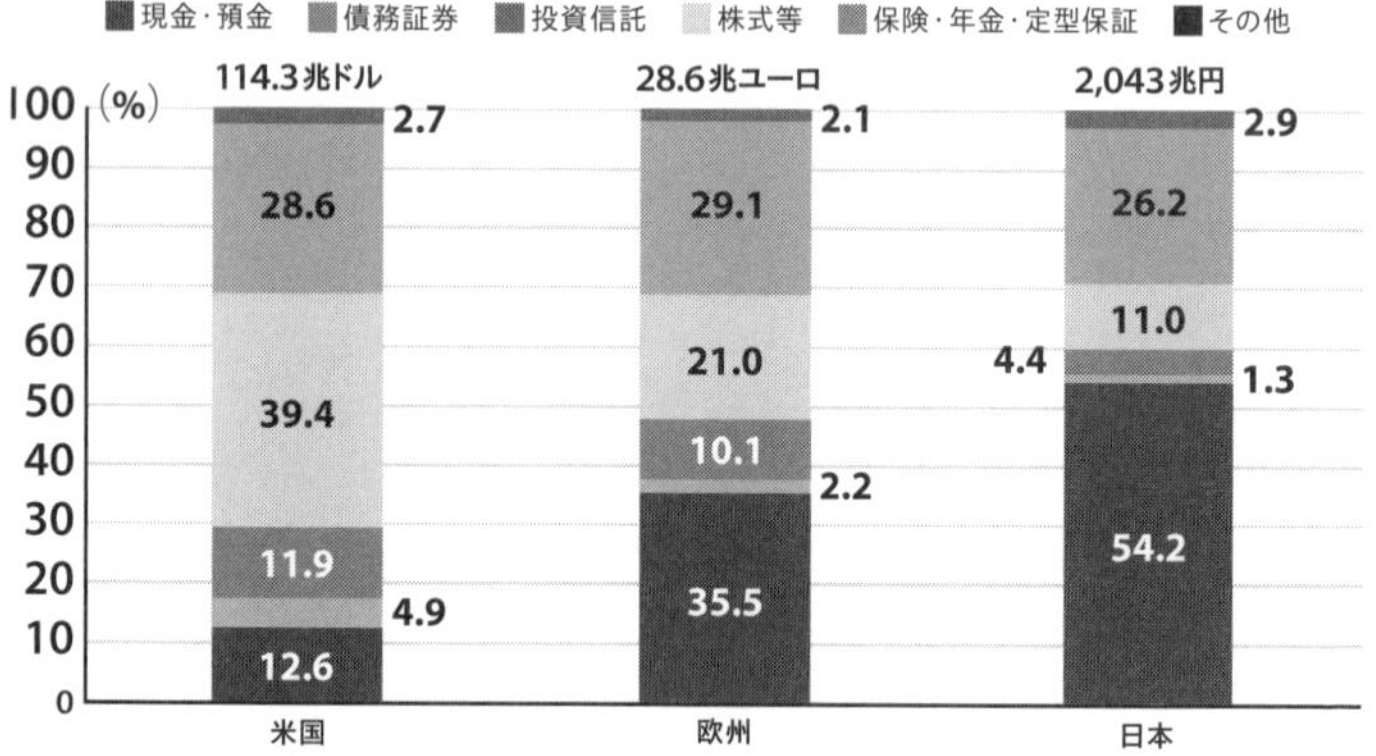

出所：日本銀行調査統計局「資金循環の日米欧比較」を基にバリューアドバイザーズ作成

イナスを記録しました。

先ほど述べたように、物の値段が上がるインフレ下では、お金が増えない預貯金や貯蓄型保険で運用するのは、かえってリスキーと言わざるをえません。物の値段が下がるデフレ下では預貯金で構いませんでしたが、資源やエネルギーを中心にインフレが進み物価が上昇するなか、お金の置き場所を変える必要が現代の日本人には求められています。

「投機」「ギャンブル」「投資」の違いを理解する

投機とギャンブル、投資の違いを理解することも大切です。混同するからこそ、最初の一歩が踏み出せない方が多いのではないでしょうか。それぞれの定義や特徴をまとめました。

▼**投機**

将来の価格変動や市場動向を予測し、それに基づいてリスクを取る行為です。投機家は市場の変動や価格の変化に注目し、それによって利益を追求します。一般的には高いリターンを狙いつつ、それに伴うリスクも受け入れます。ＦＸ（外国為替証拠金取引）が代表例で皆が預けたお金を取り合い、利益が出た人がいると必ず損する人がいるゼロサムゲームとも言われます。その他暗号資産の取引、先物取引などが投機の一例です。

▼**ギャンブル**

未知の結果に対して賭けを行い、それ

「投機」「ギャンブル」「投資」の違い

	投機 （ゼロサムゲーム）	ギャンブル （マイナスサムゲーム）	投資 （プラスサムゲーム）
利益	皆が預けたお金を取り合う	勝った人にだけ分配	皆がお金を出し合い、利益をそれぞれに分配
損失	利益が出た人がいたら必ず誰かが損をする	必ず誰か もしくは全員が損する場合もある	誰も損をしない場合もある
種類	FX 株のデイトレ 暗号資産	競馬 パチンコ 宝くじ	株式投資（長期） 債券 投資信託

出所：バリューアドバイザーズ作成

によって勝敗が決まることを期待する行為です。運に依存する部分が大きく、事前に結果を予測することが難しい場合があります。勝ち負けが確率的であり、通常はエンターテイメントや娯楽として行われます。カジノのゲーム、くじ引き、競馬などがギャンブルに挙げられ、参加者ではなく胴元が儲かることがほとんどです。

▼投資

将来の利益や成長を期待して、資産を長期的に保有することを指します。投資家は企業の成長や資産の価値上昇に焦点を当て、持続的な収益を追求するのが特徴で、通常はリスクを分散し、長期的な視点を持ちます。株式投資、債券投資、投資信託などがこれに該当します。

それぞれお金に関する用語ですがその概念は大きく異なり、投機は大きなリスクを取りながら短期的な価格変動に注目し、ギャンブルは運に依存している一方で、投資は長期的な視点で「持続的な利益」を追求することが特徴です。私たちがアドバイスするのは投資であり、今日明日で資産が二倍になることはなく月利20％のリターンもありえません。この書籍を執筆中にも、無登録で年利20%の社債を勧誘し、80億円集金した投資詐欺グループが逮捕されました。「投機」「ギャンブル」「投資」を正しく理解し、投資を時間をかけて行うことにより、リスクの振れ幅を減少させ、長期的にリターンを実現することを目指していきましょう。

リスク＝危険？ 投資の世界でのリスクとは一体何を指すのか？

お客様との面談の中でよく出てくる「リスク」という言葉についてですが、資産運用の世界の中で「リスク」とは「振れ幅」のことを指します。しかし「リスク」＝「危険」と解釈されている方は多いのではないでしょうか。

例えば、銀行預金のリスク（振れ幅）の大きさは、下に振れることはありませんが、上に振れることもありません。仮想通貨のリスク（振れ幅）はどうでしょう。上にも下にも大きく振れます。また、投資信託の中でも株式型や債券型によってリスク(振れ幅)は変わります。

ポイントは、自分に合ったリスク許容範囲を理解して大事な資産を投資すべきということです。

「友人や知り合いの経営者から特別な金融商品を勧められた」といった話をよく聞きますが、特別な金融商品ではなく、単にリスク(振れ幅)が大きいだけで、大きく儲けることもあれば、大きく損することもあるのです。下落リスクはなく、上昇リスクのみあると言われたら、基本的には疑った方がよいでしょう。

リスク(振れ幅)は先述した資産価格変動のみではありません。資産価格の変動、信用リスク、流動性リスク、インフレリスク、政治リスク、為替変動リスクなどさまざまに存在します。

信用リスクとは、債券や他の債務を持つ企業や政府が債務不履行に陥るリスクです。信用力の低い発行体からの債券投資は、元本や利息の返済が困難になる可能性があります。信用リスクを最小限に抑えるためには、信用力の高い発行体からの債券を選択することが重要です。格付機関の評価や財務諸表の分析を通じて、発行体の信用力を評価することができます。

流動性リスクとは、資産を売却する際に市場で売り手が見つからない場合や、資産の価格が予想よりも低くなる可能性がある場合に生じます。流動性リスクを管理するためには、流動性の高い資産や市場での取引量が多い資産に投資することが有効です。海外の投資商品はこの流動性リスクが大きく、自分の資産なのにすぐに現金化できないケースが多いです。また、貯蓄型保険の「低解約返戻金型」の商品は初期で解約すると損失が多く、流動性リスクが大きくなるので注意が必要です。

インフレとは、物価水準が上昇することによって資産の実質価値が減少することです。インフレリスクを管理するためには、インフレに強い資産クラスに投資することが重要です。

銀行預金と貯蓄型保険は価格変動リスクが小さいですが、インフレリスクが大きいです。金融資産の全てを銀行預金にすると、預金通帳の金額は変わりませんが、貨幣価値の下落という目には見えないインフレリスクが大きくなるので注意が必要です。

政治リスクとは、政府の政策や法規制の変更、政治的不安定性などによって引き起こされるリスクです。政治リスクを軽減するためには、安定した政治体制を持つ国や地域に投資することが有効です。また、投資先の政治状況やリスクを定期的にモニタリングし、必要に応じてポートフォリオの調整を行うことが重要です。

為替変動リスクとは、外国為替市場の変動によって生じるリスクです。外国通貨建ての資産を保有している場合に発生します。通貨リスクを管理するためには、各国の金融政策や外国為替市場の動向を注意深く観察し、必要に応じてヘッジ戦略を採用することが重要です。

さて、「リスク」＝「危険」ではないことをご理解いただけたでしょうか。そもそも「危険」は「Danger」ですから「リスク」とは違うのですが、資産運用の世

リスクとリターンの関係

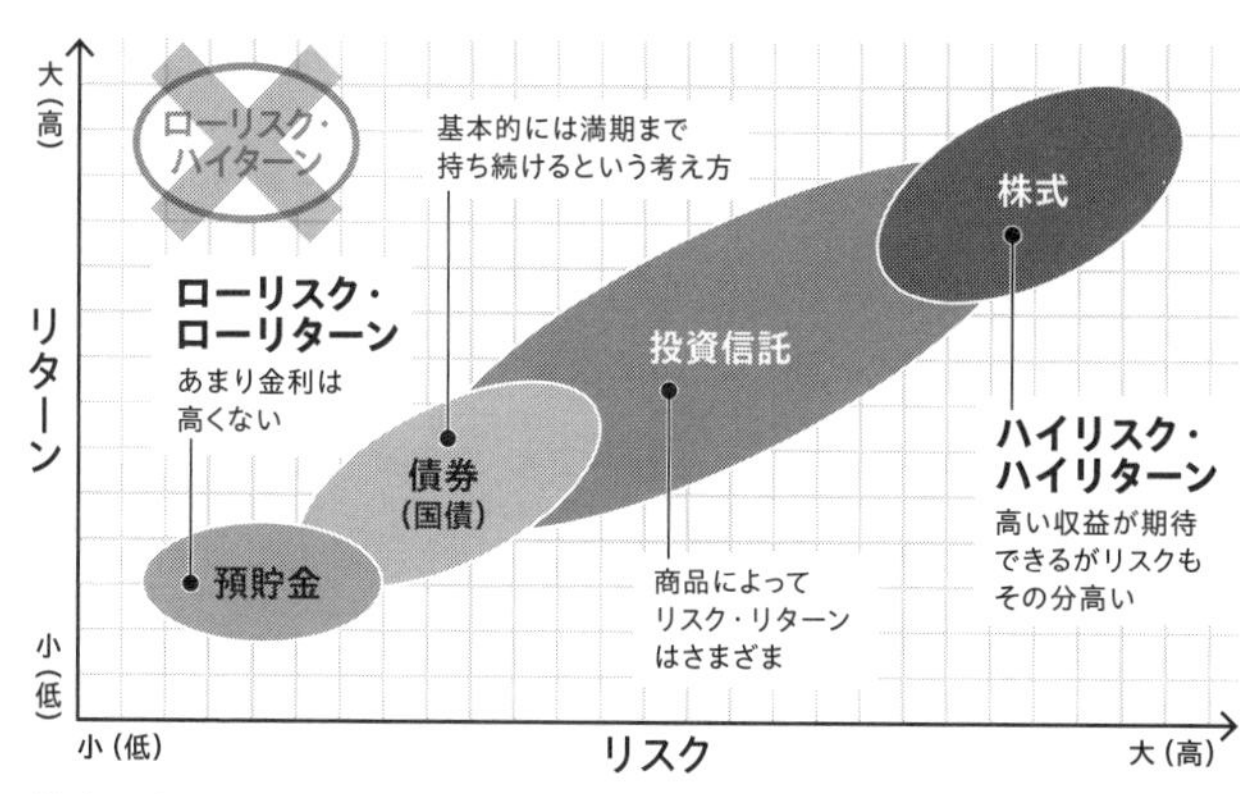

※これは一般的なイメージ図であり、全ての金融商品があてはまるものではありません。

出所：日本証券業協会HPを基にバリューアドバイザーズ作成

界では「危険」と捉えてしまう方が多くいます。

リスクを管理するためには、投資目標やリスク許容度に応じた適切なポートフォリオの構築や、特にリバランスなどのリスク管理が重要です。自分自身は適切なリスク管理ができているのかどうか、前ページの図を参考に確認してみましょう。

「公的年金・公的保険制度」を正しく理解し、民間保険をスリム化

家計の余剰資金が投資ではなく保険に向かうのは国民性もあるでしょうが、公的年金制度や公的保険制度を正しく理解していないことと無関係ではありません。言い方を変えると、正しく理解していないので民間の保険商品に頼っているのだと感じます。

例えば高齢者の生活の安定と社会的な公平を目的とした公的年金制度。厚生労働省が主導し、日本年金機構が運営を行っていますが、大きく以下の三つの柱から成り

立っています。

▼国民年金制度

日本国内に住む20歳以上60歳未満の方全てに加入義務がある制度です。一定額の保険料を納めることにより、老齢、障害、死亡によって本人やその家族の生活が脅かされないように保障する社会保障制度の基盤の一つです。先述したように、自分が納めた保険料を将来受給する積立方式ではなく、基本的には集めた保険料をその時の年金支給に充てる賦課方式を採用しています。

加入者（被保険者）には、個人で保険料を納付する第1号被保険者（自営業、農林漁業、自由業、学生など）、給料から天引きされる第2号被保険者（厚生年金に加入している会社員、公務員など）、届け出をすれば個人で納める必要はない第3号被保険者（第2号の配偶者）があります。

▼厚生年金制度

労働者を対象としたもので、企業の従業員が主な被保険者となります。この制度では労使折半で保険料を支払い、これにより年金を積み立てます。被保険者の給与や所得に応じて保険料が変動し、老齢や障害、死亡に対する給付を提供します。基本的に、国民年金制度と共通の仕組みですが、被保険者によって異なる保険料率や給付水準が適用されます。

▼共済年金制度

公務員や一部の民間企業に勤務する方を対象とする制度です。公務員共済年金、私学共済年金、地方公務員共済年金などが含まれます。これらの共済年金は、各々の組織や業種が独自に運営し、会員からの年金保険料と組織の負担から運営されます。公的な年金制度に加えて、共済年金は制度ごとに異なる給付条件や給付水準を持っています。平成27年10月からは厚生年金に統一されています。

日本の公的年金制度は、高齢者の増加や経済状況の変動などにより、持続可能性に課題を抱えていて、納付期間の延長をはじめとする制度の改革や運営の見直しが検討されています。

ただし制度自体が崩壊しているわけではなく、減額が生じているとはいえ年金を受け取ることはでき、被保険者が死亡した時に遺族に支給される遺族年金、病気やケガで生活や仕事に制限を受けると現役世代でも受給できる障害年金もあります。これらについて正しく理解することで民間の保険会社に過剰に頼る必要はなくなります。

公的医療保険制度についても振り返りましょう。

▼国民皆保険

全ての人が公的医療保険制度に加入し、全員が保険料を支払う制度のことです。これによりお互いの負担が軽減でき、通院回数が多く入院や手術で医療費が高くなっても、定められた負担割合で医療を受けることができます。日本ではお馴染みの仕組みですが、諸外国では国民皆保険制度が未導入の国も多く、アメリカは最たる例です。虫垂炎の治療費だと、日本では保険適用で約10万円の負担に対して、NY州では150万円近くかかると言われています。アメリカでは民間の医療保険への加入はマストと言えるでしょう。誰もが安価で質の高い医療を受けられる日本の公的医療保険制度にはこういったメリットがあります。

日本の公的医療保険制度は次の三つに大別されます。

▼**国民健康保険**

市区町村が運営する制度で、主に自営業者や農業、無職の方など、企業に勤めていない人が加入します。保険料は世帯ごとに収入や資産、世帯人数に応じて算出されますが、市町村の療養の給付にかかる費用に応じて変動する仕組みです。

▼**被用者保険**

会社員などの被用者やその扶養家族が対象の健康保険です。大企業の被用者が対象の「組合管掌健康保険」、中小企業の被用者が対象の「全国健康保険協会管掌健康保険(協会けんぽ)」、船員対象の「船員保険」、公務員対象の「共済組合」があります。

▼**後期高齢者医療制度**

75歳以上もしくは65歳以上で障害を持つ高齢者が加入する公的医療保険制度です。対象者の窓口負担は１割となります（現役並みの収入世帯は３割負担）。

公的医療保険では「入院時食事療養費」「入院時生活療養費」「疾病手当金」「出産手当金」「埋葬料・葬祭費」といった給付制度が用意されていて、中でも注目すべきは「高額療養費」です。「高額療養費」とは、医療機関や薬局の窓口で支払う医療費が一カ月で一定の上限額を超えると、超過分の給付を受けられる制度（事前申請で窓口負担が減らせることも）です。下の図をご覧ください。

上限額は年齢や所得に応じて異なりますが、

高額療養費の自己負担上限額

年収約370万円～の場合

所得区分	１ヵ月の上限額（世帯ごと）	多数回該当の場合
年収約1,160万円～	252,600円＋（医療費－842,000円）×1%	140,100円
年収約770万円～約1,160万円	167,400円＋（医療費－558,000円）×1%	93,000円
年収約370万円～約770万円	80,100円＋（医療費－267,000円）×1%	44,400円

出所：公表データよりバリューアドバイザーズ作成

70歳未満で一般的な収入（標準報酬月額28万円～50万円／報酬月額27万円以上～51万5000円未満）の方の場合、自己負担限度額は8万100円とされています。

日本の公的医療保険制度では被保険者が負担する医療費には上限があり、民間の医療保険の役割は、公的保険で賄いきれない保障をカバーすることです。

生命文化センターの「生活保障に関する調査」によると、公的医療保険制度が充実しているにもかかわらず、日本全国の6割以上の方が民間の医療保険に加入しているそうです。ケガや病気による医療費への不安が高いことが分かりますが、公的制度をしっかり知ることで保障内容を見直し、保険料負担を軽減できるはずです。

浮いた保険料は資産運用に回し、金融資産を潤沢にしておけばいざというときに使用することもできます。〝公的医療保険制度こそ最強の終身医療保険である〟ということを忘れてはなりません。

具体的な民間の保険の確認ですが、55歳が世帯主の家庭の場合、お子様が大学生もしくは社会人になっていれば、高額の死亡保障は必要でしょうか。

以前、弊社に訪れたご相談者様でお子様が大学3年生、3000万円の普通預金があるのに、１０００万円の貯蓄型死亡保険に加入していました。保険に加入している理由を聞くと、特に相続対策などではなく万が一の時のお子様の教育資金の確保だそうです。保険は10年以上前の契約時から見直しをしていないとのことで、普通預金があるので「万が一のことがあってもお子様の教育資金は支払えませんか？」とお聞きしたところ、わざわざ民間の保険会社の貯蓄型死亡保険で１０００万円を確保する必要はないと判断し解約されました。

本来であれば、お子様の年齢が上がるにつれて必要死亡保障額は下がり、社会人目前ならば学費の負担は残り一年分です。同じような方は読者にもたくさんいると思います。

民間の医療保険の短期払いにもリスクがあります。例えば60歳払い込みで入院日額５０００円の終身保険に加入しているとして、仮に１００歳まで生きるとしましょう。本人は保険料の支払いが終わると安心かもしれませんが、そこから40年間インフレが起きないとは限りません。ベッド代や入院時の食事代が引き上げられる可能性は多分にあり、終身医療保険の最大の弱点は給付金が固定という点です。

そもそも保険は死亡や入院時に自分ではどうにもできない経済的な負担を軽減させることに意味があります。金融資産やその他資産で賄えそうな入院保険の保障内容であれば、解約して負担が減った保険料をしっかりと複利の力で増やしていく方がインフレが加速する今の時代に合っているのではないでしょうか。

ちなみに金融庁は保険会社や保険募集人に対して、公的保険制度についてしっかり解説の上で民間保険を販売するよう求めています。保険会社が商品を過剰に供給しているとみなしているわけです。

例えばあるご相談者様は、外資系生命保険会社から10本の貯蓄型保険に加入していました。毎月の保険料の合計が約20万円と高額なのですが、保険募集人に不安を煽られ、昇給の都度、契約数を増やしてしまったとのことでした。勤務先が大手企業で負担できるほどの収入があったことも理由です。面談で「現在の死亡保障はいくらか把握してますか？」と問うと「死亡保障は分かりませんが、保険料なら把握してます」とおっしゃっていたのが印象的でした。

保険を保障目的でなく、貯蓄目的で過剰に加入したままの人は少なくありません。

貯蓄型保険の代表格の一つである個人年金保険にも疑問があります。これは老後に必要な生活資金に対して、公的年金に上乗せ補完をする目的で加入する私的年金です。契約者が毎月保険料を一定年齢まで払い込み、受給開始時期になると一定期間または終身にわたり年金形式もしくは一括で保険金を受け取ります。

契約内容が似ていることから「年金」の名を冠していますが、実際は年金ではありません。「自分で貯めたお金をただ年金のように受け取れる保険商品」なのです。

あるご相談者様は「預貯金よりまし」という理由で個人年金保険に毎月10万円も支払っていました。貯蓄型保険は、短期間で解約すると、解約返戻金から解約控除という手数料が差し引かれる仕組みのあるものがほとんどで、短期解約の場合に解約返戻金は払込保険料を下回る可能性があります。

また、個人年金保険は契約から10年間は払済保険（途中で解約して解約返戻金を一時払い保険料に充当し保険料の払い込みを中止すること）にできない契約形態があり、その間は保険料を納め続ける必要があります。

冷静に考えると、自分のお金を投じているのにペナルティが課せられるのは不合理ではないでしょうか。

一般社団法人生命保険協会の「生命保険の動向（２０２３年版）」によると、２０２２年度末の個人保険の保有契約件数は１億９４５８万件（前年度比１００・８％）となり15年連続で増加しました。

保有契約高は７９４兆５１９５億円（同98・５％）と微減しましたが、以前として巨額の資金が保険商品に流れていることが分かります。内訳を見ると最も多いのは定期保険ですが、次いで終身保険、定期付終身保険、養老保険、利率変動型積立終身保険という順番です。

新規の契約も活況で、件数は１８３２万件（前年度比97・１％）、新規契約高は50兆２３１０億円（同１０８・１％）と増加しました。

新規契約件数の保険種別の内訳は、医療保険、終身保険、定期保険、ガン保険、変額保険の順でした。

ここから分かるのは、医療保険に対するニーズが高い一方で、契約高で見ると万が一に備えた掛け捨て型定期保険が人気ですが、そのほか貯蓄性の高い終身保険や運用目的で契約する変額保険、養老保険が上位を占めていることとです。

株や投資信託を活用した資産運用に比べるとコストパフォーマンスで劣るにもかか

わらず、なぜこれだけの契約件数・契約高があるのかは先述した通りの理由でしょうが、保険営業の層の厚さも関係します。

生命保険協会の調査によると、２０１８年度から２０２２年度にかけての生命保険募集人の人数はほぼ横ばいですが１２０万人前後と非常に多く、ＩＦＡの７７６０名の数を大きく上回ります。

保険募集人は圧倒的に分母が大きく、皆さんも知人の伝手を辿れば、一人や二人いるのではないでしょうか。出会う確率が高く、無料で相談に乗ってくれ、かつ自宅まで足を運んでくれます。こういったアクセスの良さが契約件数などに

年度末登録営業職員数、登録代理店数および代理店使用人数の推移

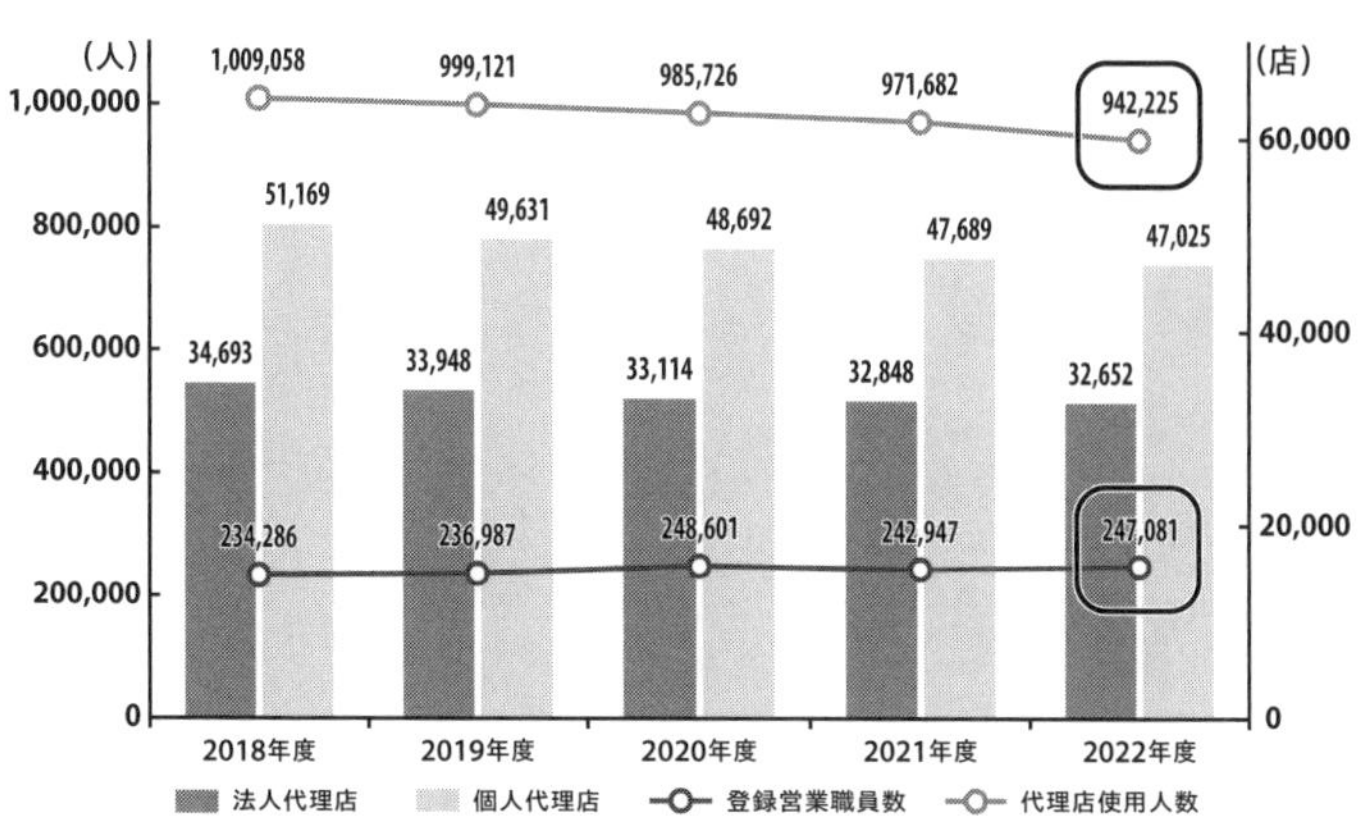

出所：生命保険協会「2023年版 生命保険の動向」を基にバリューアドバイザーズ作成

も反映されているのでしょう。

複利の偉大な力を知る。人生100年時代、50年あれば長期投資は可能！

50代以上の方からよく受ける質問の一つが「投資は今からでも間に合いますか？」という内容です。

若い世代に比べると投資できる期間はどうしても短くなり「果たして意味があるのか」「パフォーマンスは上げられるのか」と疑う気持ちは分かりますが、長寿化が進むばかりか元気な状態で過ごせる「健康寿命」がどんどん延伸している時代において「むしろ始めない方がリスクです」と答えるのが最適でしょう。

50代以上の方における投資のポイントは、前著の『55歳からでも失敗しない投資のルール』に記載していますが「貯める、増やす、使うのバランス」が大事であるということです。

よくある誤解に「投資は必ず1000万円などから一括で始めなければならない」「1000万円の資金を一度投資したら、一切使うことができない」といったイメージを持っている方が多くいますが、積立を併用して投資はスタートできますし、保険のように解約控除といったお客様に負担してもらうペナルティなどなく、一度投資に回した資金は好きな時に好きなだけ取り崩すこともできます。

例えば、資金1000万円を全世界株式に投資する投資信託の「キャピタル世界株式ファンド」で運用し、毎年5％を取り崩しても、過去の実績では資産が一向になくなることはありません。

次ページの図は、運用しながら取り崩す例です。

投資で得た利益は一括ではなく、月々や年別に受け取ることができます。適切な商品を使って運用すると利益は生まれ、時間が足りないということもありません。

実際、キャピタル世界株式ファンドの場合、投資開始から1年保有だと68％ですが、5年保有で91％、10年保有で98％、15年保有では100％の含み益が出ています。セカンドライフまで使わないと決めているお金であれば一日でも早い方が運用期間は長

1,000万円を一括で投資し、運用しながら毎年残高の5%を取り崩した場合の試算

購入時手数料3%および信託報酬等の費用年率1.72%(信託報酬1.54%、その他の費用0.18%)相当を控除しています。ただし、税金は考慮していません。

残高と取り崩し額の推移(2023年12月末までの各期間)

(万円)

※コンポジット(トータルリターン、円ベース)の月次リターンを用いて算出。為替ヘッジは行っていません。コンポジットとは、同一の投資目的、投資戦略に基づき運用される複数のポートフォリオの運用実績を加重平均してまとめたものです。

※残高と取り崩し額の推移:各年の取り崩し額は前年末の評価額の5%を当年年初に取り崩したと仮定して算出しています。また、投資開始より1年据え置いた後、取り崩しを始めたと仮定しています。なお、投資開始は初年の年末としています。残高と取り崩し総額を合計した金額の分布:1983年12月末～2023年12月末において10、20、30、40年間、当運用戦略に投資し続けたと仮定した場合の各期間末における残高と各期間の取り崩し額(前年末の評価額の5%)を合計した値の最大、平均、最小を記載しています。算出に用いたサンプル数は10年間:41個、20年間:31個、30年間:21個、40年間:11個。

(年)	運用期間 10年間		運用期間 20年間		運用期間 30年間		運用期間 40年間		(年)
	評価額	取り崩し額	評価額	取り崩し額	評価額	取り崩し額	評価額	取り崩し額	
1983							970		1983
1984							1,044		1984
1985							1,054	52	1985
1986							1,001	53	1986
1987							811	50	1987
1988							867	41	1988
1989							1,181	43	1989
1990							1,028	59	1990
1991							1,091	51	1991
1992							1,068	55	1992
1993					970		1,142	53	1993
1994					885		990	57	1994
1995					1,038	44	1,161	49	1995
1996					1,290	52	1,443	58	1996
1997					1,565	65	1,750	72	1997
1998					1,642	78	1,837	88	1998
1999					1,965	82	2,197	92	1999
2000					1,914	98	2,140	110	2000
2001					1,896	96	2,120	107	2001
2002					1,356	95	1,516	106	2002
2003			970		1,577	68	1,763	76	2003
2004			1,050		1,622	79	1,814	88	2004
2005			1,267	53	1,957	81	2,188	91	2005
2006			1,443	63	2,228	98	2,491	109	2006
2007			1,476	72	2,279	111	2,549	125	2007
2008			700	74	1,080	114	1,208	127	2008
2009			929	35	1,435	54	1,605	60	2009
2010			859	46	1,327	72	1,484	80	2010
2011			709	43	1,094	66	1,224	74	2011
2012			906	35	1,398	55	1,564	61	2012
2013	970		1,314	45	2,029	70	2,270	78	2013
2014	1,132		1,457	66	2,250	101	2,516	113	2014
2015	1,126	57	1,449	73	2,237	112	2,502	126	2015
2016	1,046	56	1,346	72	2,079	112	2,325	125	2016
2017	1,225	52	1,577	67	2,435	104	2,723	116	2017
2018	1,057	61	1,360	79	2,100	122	2,349	136	2018
2019	1,281	53	1,649	68	2,546	105	2,847	117	2019
2020	1,527	64	1,966	82	3,036	127	3,395	142	2020
2021	1,887	76	2,429	98	3,751	152	4,195	170	2021
2022	1,507	94	1,940	121	2,996	188	3,350	210	2022
2023	1,888	75	2,430	97	3,752	150	4,196	168	2023
	残高	取り崩し総額	残高	取り崩し総額	残高	取り崩し総額	残高	取り崩し総額	
	1,888	**589**	**2,430**	**1,291**	**3,752**	**2,750**	**4,196**	**3,590**	
	合計	**2,477**	合計	**3,721**	合計	**6,502**	合計	**7,786**	

出所：キャピタル・グループ資料を基にバリューアドバイザーズ作成

くなるので、検討してみてもいいでしょう。

50代のお子様からのご紹介で、弊社が三年前からサポートしている83歳のお客様の場合、毎年利益のみを取り崩すルールをご自身で決めて、元本には手を付けない取り崩し方をしている方がいらっしゃいます。

昨年は２００万円ほどの利益があり、それを家族旅行に充てていただきました。残った元本には手を付けませんから、安心して利益を好きなことに使えているそうです。

その方は自営業のため現役で仕事をしていて「１００歳まで生きるので、まだ

保有期間別に見た損益の回数とその割合

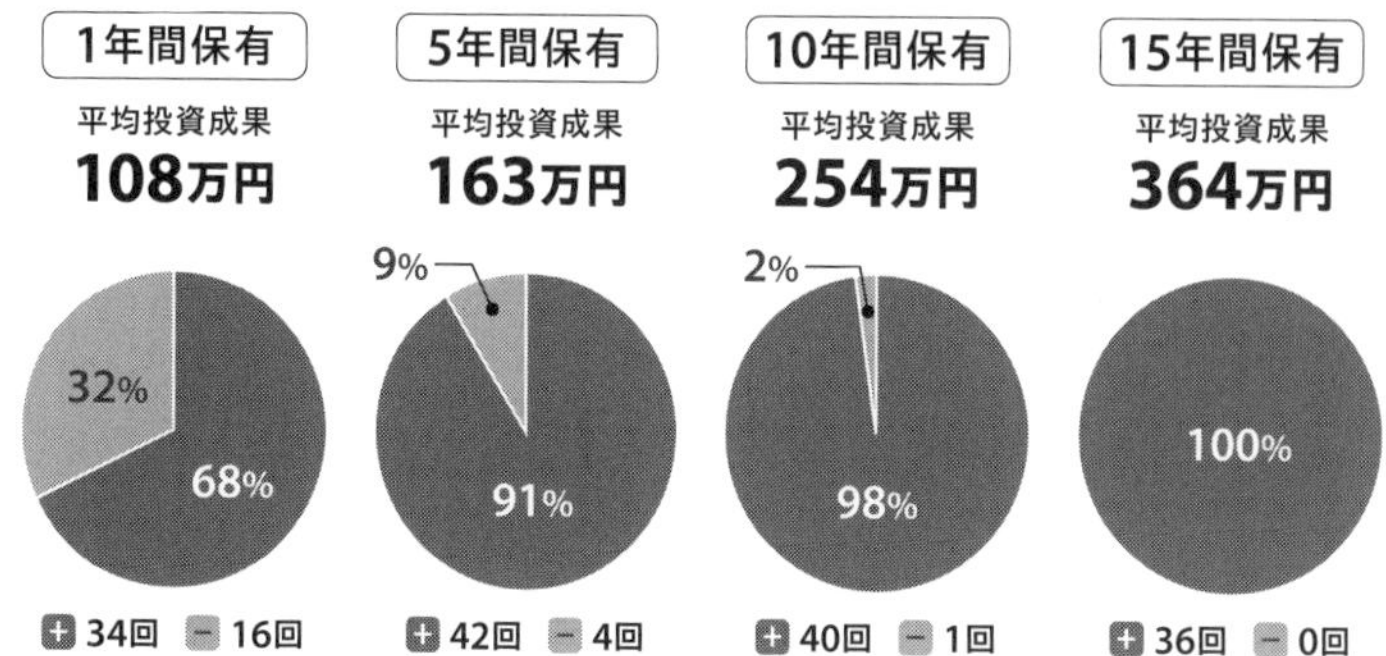

※1973年の年末を起点に2023年末までを試算したもので、それぞれ年初から所定の年数経過後の年末までのリターンを集計しています。
※購入時手数料3%および信託報酬等の費用年率1.72%（信託報酬1.54%、その他の費用 0.18%）相当を控除しています。
　ただし、税金は考慮していません。

出所：キャピタル・グループ資料を基にバリューアドバイザーズ作成

運用する時間はたくさんある。亡くなったとしても投資信託はそのまま売却せずに子どもに譲る」とおっしゃっています。

高齢期になるとリスク運用はせずに現金で持っておくという考えもありますが、長生きすればするほど生活費や医療費はかさむからこそ、運用益を生活費に充てるほうが金銭的余裕は生まれ豊かな生活になります。この方はまさにその実証例です。

資産が減るばかりだとストレスになりますが、投資元本を元に得られた利益のみを取り崩し、家族との思い出作りにお金を使うこともできます。お金の置き場所を貯蓄型保険や預貯金やタンス預金から投資信託にするだけで、このような変化が生まれる可能性もあるのです。

また、資産を効率的に増やすには、「複利」を正しく理解することも重要です。誰もが知る物理学者で発明王のアルベルト・アインシュタインの有名な言葉に〝複利は人類最大の発明の一つである〟とあります。

このように複利は経済の発展において、非常に重要な役割を果たしてきました。

複利運用とは、利息などの運用成果を元本に加え、その合計額を新たな元本として収益拡大を図る運用手法のことです。

例えば元本１０００万円を利回り５％で運用した場合、単利の場合は毎年50万円の利息を受け取り、５年後の資産は合計で１２５０万円です。

他方、元本１０００万円を利回り５％で複利運用した場合、毎年の利息を元本に加えて運用するので、５年後の資産は合計で１２７６万円。双方で26万円の差が生まれ、この差は運用期間が長くなればなるほど広がっていきます。

運用商品、運用方法、運用期間によりパフォーマンスは大きく変わります。人生１００年時代だからこそ、50代で投資を始めることは決して遅くはありません。

複利と単利

※単利と複利効果の差を確認する目的のため、利子税等の費用は考慮していません。

出所：バリューアドバイザーズ作成

押さえておきたい二つの投資戦略

では、いざ投資を始めるとして「リスクを抑えながら資産を増やすことはできるのか」と誰もが思うところです。ここで知っておいていただきたいのが「コア投資」と「サテライト投資」の二つの投資戦略です。考え方は次のようになります。

▼コア投資（ゴールベース）

「老後の資金を準備したい」などの目的・

コア投資（ゴールベース）

銘柄や時間の分散投資
タイミングは意識しない
中長期的な思考
経済成長に投資
ライフプランも考える
インデックスファンド、アクティブファンドなど

- 中長期の考え方（最低5年～）
- 企業収益の成長（経済成長）
- 複利 or 単利の考え方
- 理論（仕組み）の運用
- 続けやすい

ゴールベース

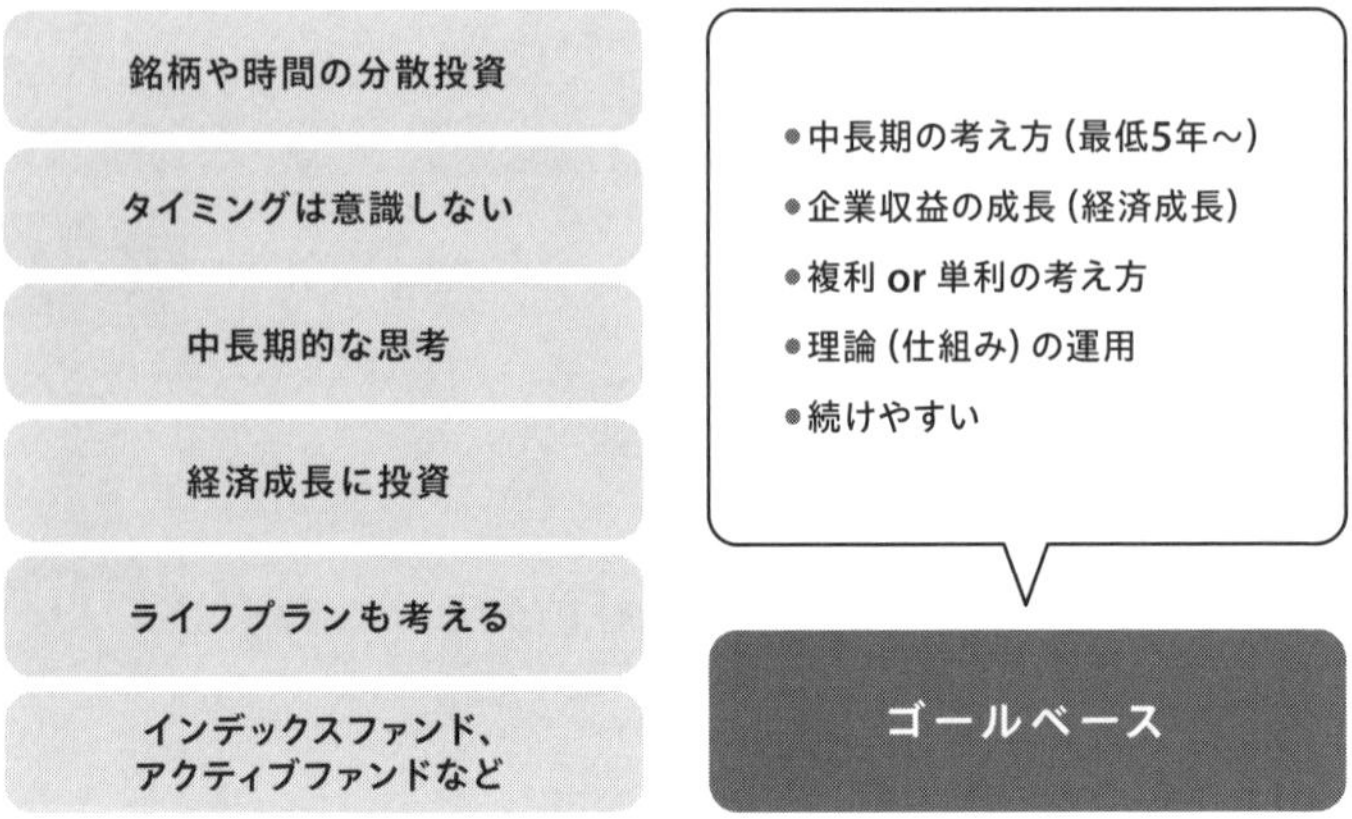

出所：バリューアドバイザーズ作成

目標を定め、最低5年以上の中長期の視点に立った安定的な資産運用の戦略です。

短期の値動きではなく時間をかけて企業収益の成長（経済成長）に乗り、利息や配当の積み上げで資産を増やしていくので、相場観による運用とは一線を画します。

コア投資では、日々の値動きを気にする必要がありません。目的・目標に達するために商品を選び資産運用をするのがセオリーです。運や勘ではなく理論（仕組み）の運用なので、長続きしやすいでしょう。

▼サテライト投資（マーケットベース）

株式市場などマーケットの動きに合わ

サテライト投資（マーケットベース）

個別銘柄の選定に注力	●短期の考え方（～5年）
タイミングを極端に意識（売り時、買い時）	●上がりそうな商品を探す
短期的な思考	●相場観（投資タイミング）の運用
テーマ型ファンド	●悲観⇔楽観の繰り返し
新興国商品全般	●続けることが難しい
FX、信用取引、オプション、先物など	マーケットベース

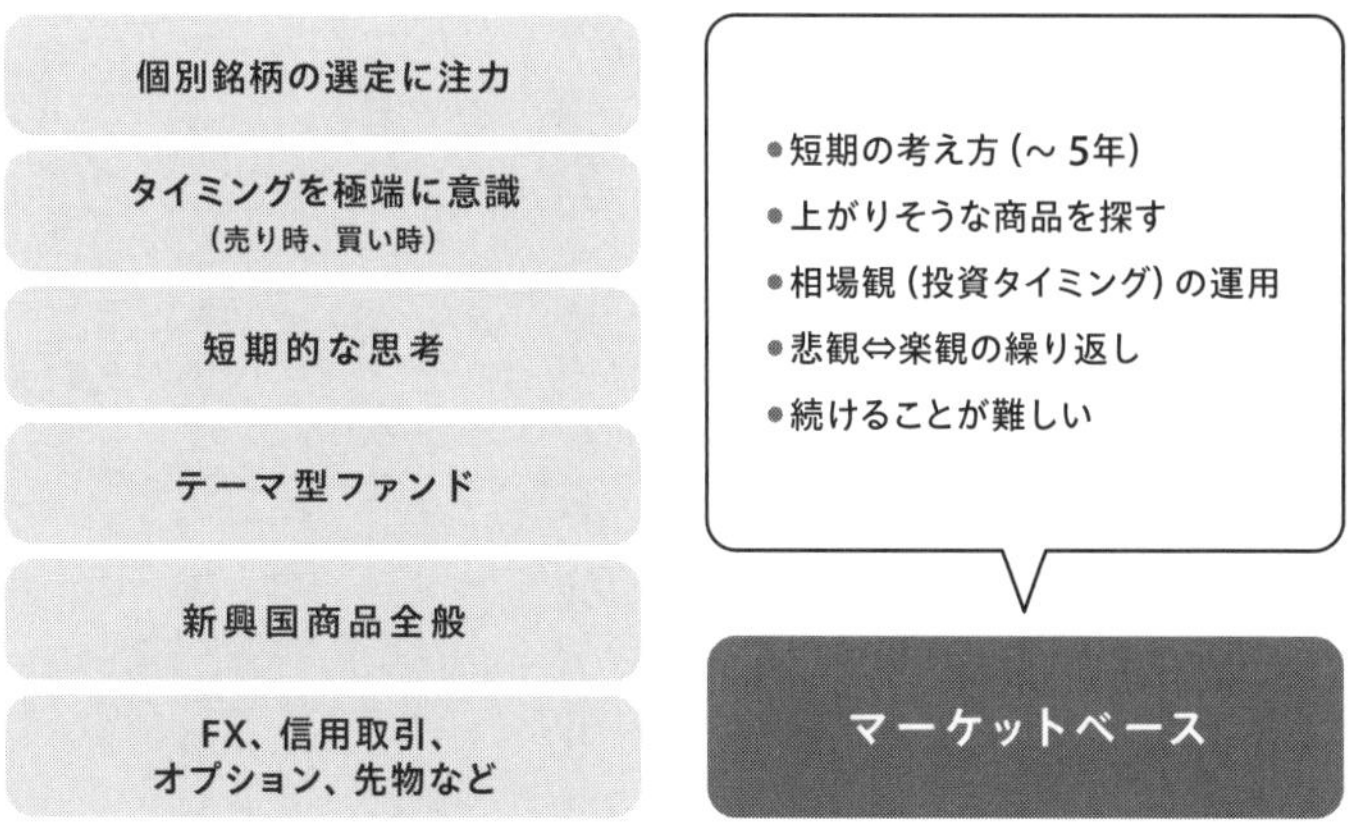

出所：バリューアドバイザーズ作成

せて、価格が上がりそうな商品を探し、多少のリスクを取ってリターンを狙う戦略です。

中長期というよりは短期の値動きを参考に相場観（投資タイミング）で運用します。変動する相場を背景に投資でダイナミックさを味わうことはできますが、運の要素も大きく、値動きによっては悲観と楽観を繰り返すので、長く続けるには精神的なタフさが求められます。リスクを承知の上で自身で売買を楽しんだり、営業担当が「これは今買い時です」とパンフレットを持ってくるような投資方法です。

簡単に言うと、サテライト投資は個別株やFX、株の信用取引など、売ったり買ったりを繰り返す投資を指します。手数料収入が欲しい金融機関がお勧めしたい手法かもしれません。

相場観で運用するので勝つ時は大きく利益が出ますが、負ける時の損失も大きくなります。自分の資金をそれなりのリスクに晒すので、あくまでも売買を楽しむという感覚で臨むべきものです。そしてこの手法で長期的に資産を形成しようというのは間違いです。

ましてや50代以降の方には今後の人生に必要な資金ですから、なるべく無駄に減らしたくはありません。そのためサテライト投資に大事な資金を集中させるのはお勧めできません。

世界の超富裕層が実践する投資戦略

11歳から株式投資を始め「投資の神様」と言われているウォーレン・バフェット氏は、アマゾン創始者のジェフ・ベゾス氏との対談の際に「なぜ皆あなたの投資戦略を真似ないのか」と問われました。

その問いに対しバフェット氏は「ゆっくり金持ちになりたい人なんていないよ」と答えました。

ウォーレン・バフェット氏の年齢別資産推移

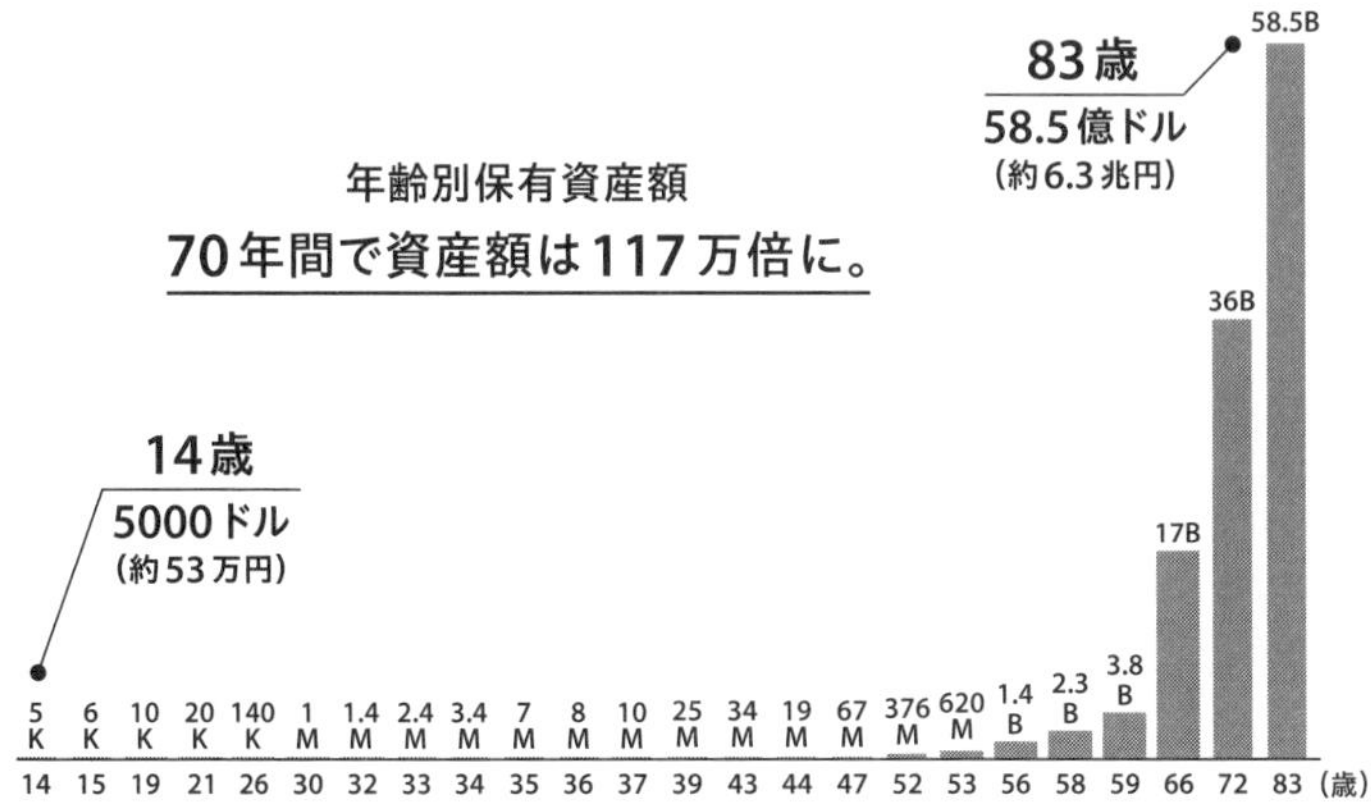

出所：「Forbes」よりバリューアドバイザーズ作成

つまり世界で最も成功している投資家のバフェット氏もまた「時間」という武器を使い、コア投資で資産を増やしてきたのです。

また、バフェット氏の資産は複利運用によって65歳以上で膨大に増えています。運用利回りが突如上がったわけではなく、資産額が増えたことで運用額が増えると、資産もおのずと増えていくのです。

50代以上は「コア投資」で資産運用に臨む

株式投資がギャンブルに近くなるのは、短期的な値動きを追うサテライト投資を行っている場合です。相場についてしっかり学び、ルールを徹底すればリスクを抑えることはできますが、株価は企業の業績や国の景気などにより短期的に上下に振れることがあり、それを投資家が完全に予見したり、コントロールすることは長期的には不可能と考えます。

だからこそ、大きく利益を出すこともあれば、反対に大きく損失を出すこともあります。これではギャンブル的な側面が強くなってしまいます。

結局のところサテライト投資を誰かにお願いすると、何度も売り買いをして証券営業の売上（手数料）を上げるためのセールスに利用されます。運良く予想が当たれば大きな利益を得られますが、そうでないと気持ちは乱れ、悲観と楽観を繰り返すだけです。そのストレスによって不安にもなり、長続きするのは難しいと言えるでしょう。もしもマーケットベースの投資で10年、20年と長期で利益を上げ続けることができるのであれば、証券会社の営業担当者は自分の資産で実践しているはずです。

ここ数年はビットコインなど暗号資産の取引で億単位の資産を稼いだ「億り人」が話題になりました。個別株やＦＸでそれだけの資産を築いた敏腕トレーダーもいます。

メディアのインタビューでは自分なりの相場観やテクニックを披露していますが、果たしてどれだけの人が再現できるでしょうか。

そもそもメディアにはうまくいった人しか取り上げられず、うまくいかなかった人たちは何万といるのに表に出てきません。

彼らの手法は、短期で価格が上下するような銘柄を対象にした投資であることが多く、正直なところ真似できない手法であることがほとんどです。本気で時間をかけて学び、厳格なルールをどんな状況でも守り続けられた場合には成功することもありますが、本業があって一日中相場を観ることのできない方には難しいですし、大事な残りの人生をうまくいくかも分からないサテライト投資の勉強時間に費やすべきではないと考えています。

運の要素も多分にあるため万人には通用しませんが、サテライト投資が一概に良くないという話ではありません。

ここでお伝えしたいのは、保有資産全体のバランスが重要だということです。資産の一部をサテライトに投じるのは問題ありませんが、今まで大事に作り上げてきた資産はコア投資を主軸においた資産運用がお勧めです。

一方で、中長期で取り組むことでリスクを極力排除し、安定運用を目指すコア投資はギャンブルではありません。50代のミドル世代以上には、ライフイベントなどを基に資産運用の目的を確認し、それを達成するために必要なリターンを逆算した上で最適な投資をする「ゴール（目的）ベース」のコア投資の実践が向いています。中長期視点に立って企業収益の成長に乗るのがポイントで、利息や配当の積み上げ、複利運用で「お金にも働いてもらう」状態を作るのです。

また、株式単独で運用するのではなく債券も加えることでリターンは少なくなりますが、リスクを抑えた運用が実現します。これがコア投資の考え方であり50代以上の「守りながらも成長させたい資産」を多く持つ人にとってストレスなく続けられる手段になります。

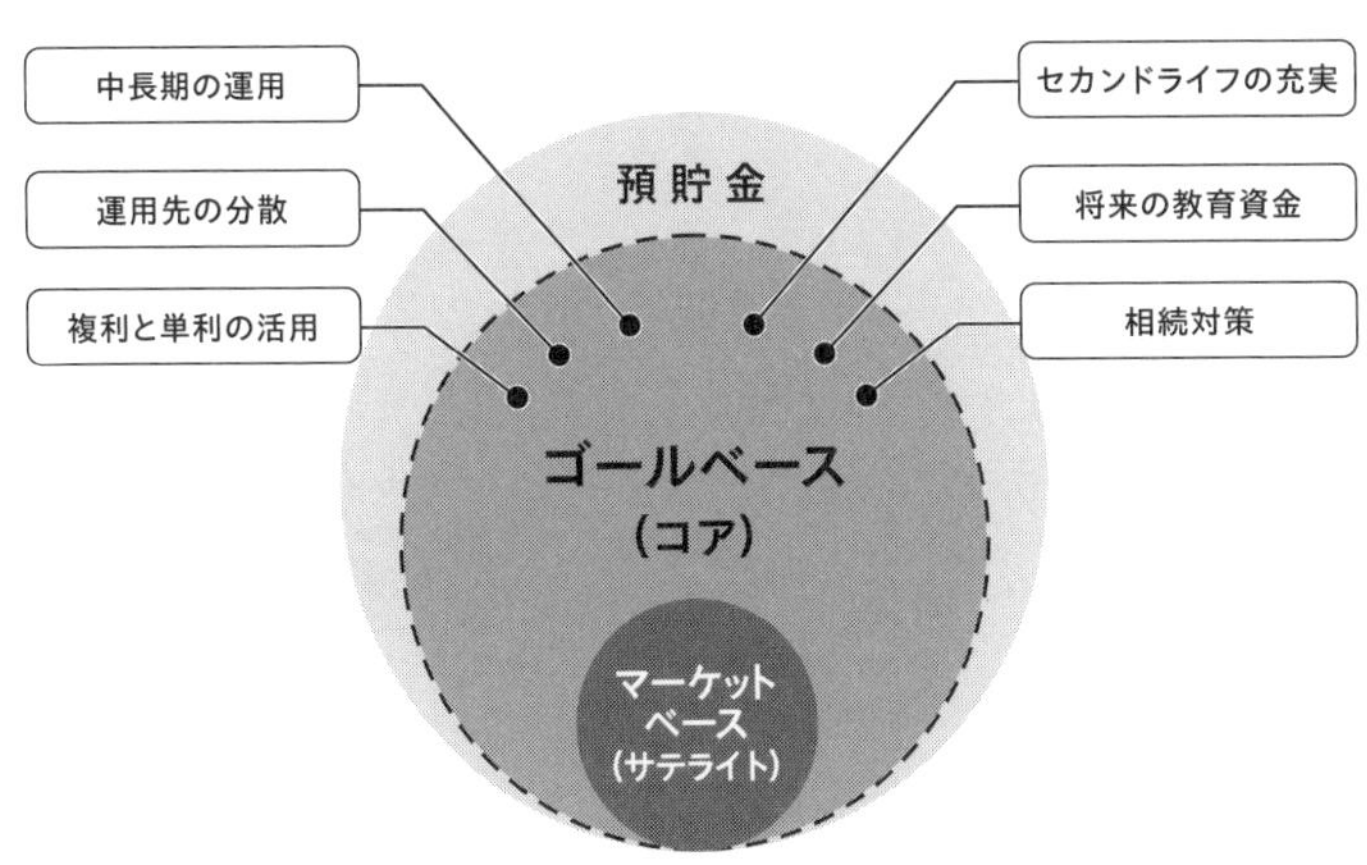

出所：バリューアドバイザーズ作成

老後不安はお金だけでは解消できない。長く働ける健康、人脈、スキルにも投資せよ

お金がどれだけたくさんあっても、不安というものは解消できません。そのために保険に加入するのですが、本来であればその前に食事や運動、睡眠など日常生活で改善すべき点を実行していく必要があります。いくら手厚い保険に入っていたとしても、健康を損なうと思うような生活を送ることはできず、結局のところＱＯＬ（生活の質）は低下します。

保険は金銭面をサポートしますが、健康で居続ける方が大切であり、健やかな生活を叶える土台となります。保険に加入する前にご自身の健康に投資するといった考えも求められるでしょう。

目的や夢を持ち、誰かと共有することも前向きに生きる糧になります。例えば先ほ

ど挙げた83歳の自営業の方は、毎年の海外旅行が夢であり、その夢を私たちと共有しています。言うなればお金を増やすのが目的なのではなく、使ってこそ価値があると考えているのです。

今後の長寿社会では長く働き続けられることも極めて重要です。現在は多くの企業が60歳定年制を採用していますが、２０２５年4月からは全ての企業で65歳定年制が義務化され、すでに70歳までの就業機会の確保が企業の努力義務になりました。将来的には70歳定年が法制化されるかもしれません。

このように長く働くことが定着する時代に向かう中、60歳で仕事を辞めるのと70歳で辞めるのとでは、10年間の収入や投資に回せる金額は大きく変わります。当然ながら運用実績の差も大きく表れるでしょう。

また健康以外に、自身のスキルを磨くことも大切です。労働市場で求め続けられる人間である必要が今後はより一層高まっていくに違いありません。

スキルを磨くという点では「リカレント教育」が注目されています。リカレント教育とは終身学習の一環として生涯を通じて学び、スキルを磨くことを指します。新しい技術を習得したり転職したりするなどで社会の要請に応えることができるのです。

現在は従来の通学以外にオンラインなど多様な学びの形態があり、働きながら学習することは難しくありません。政府や企業はリカレント教育を促進するための政策やプログラムに力を入れて積極的に取り組んでいます。健康だけではなくスキルアップに投資することも、長く働き続けられる要素となります。

人脈も然り、思わぬ人との繋がりがビジネスに影響を与える可能性があります。今からそういったことを意識して動くことが肝心で、ライフプランを想定しておくことをお勧めします。

弊社のグループ会社である日本金融教育センターでは、ＡＩに質問しながら、人それぞれのレベルに合った金融に関する内容を動画

AIマネアドくんイメージ（日本金融教育センターホームページより）

で学べる「ＡＩマネアドくん」を展開しています。オンラインで、いつでも、どこでも学ぶことができます。

新ＮＩＳＡ、ｉＤｅＣｏを始めないのは、国民の権利を放棄したのと同然

いざ資産運用を始めるとして、活用したいのが新ＮＩＳＡやｉＤｅＣｏといった国が用意した税制優遇を受けられる制度です。それぞれについて解説していきます。

▼ＮＩＳＡ（小額投資非課税制度）

２０１４年から始まった「個人の資産作り」を支援する国の税制優遇制度です。証券会社などの金融機関で「ＮＩＳＡ口座」を開設するとスタートできます。

最大の特長は、投資による利益が非課税扱いになることです。通常の証券総合口座

で株式や投資信託などに投資をすると売却益や配当・分配金に20・３１５％（復興税込み）の税金がかかります。

しかしＮＩＳＡ口座での投資では、利益に対して税金が一切かかりません。ただしリスク商品に投資するため、運用成績によっては元本割れする可能性もあります。

ＮＩＳＡはこれまで「一般ＮＩＳＡ」と「つみたてＮＩＳＡ」に分かれていましたが、２０２４年からは制度を大きく刷新し「新ＮＩＳＡ」として新たなスタートを切りました。その概要は下図の通りです。

ポイントは「非課税保有期間の無期限

NISA新旧比較図

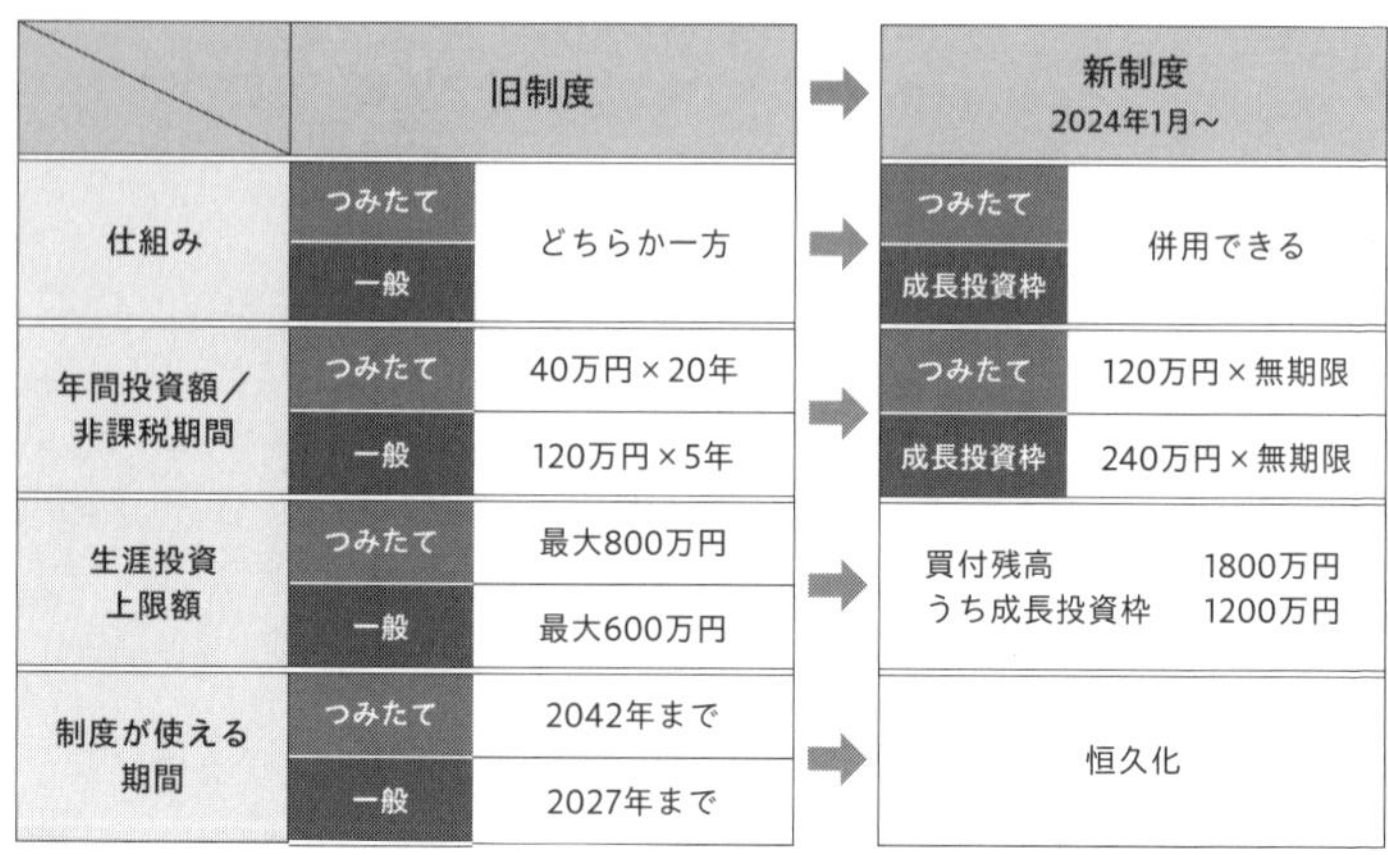

	旧制度		新制度 2024年1月～	
仕組み	つみたて	どちらか一方	つみたて	併用できる
	一般		成長投資枠	
年間投資額／非課税期間	つみたて	40万円×20年	つみたて	120万円×無期限
	一般	120万円×5年	成長投資枠	240万円×無期限
生涯投資上限額	つみたて	最大800万円	買付残高 1800万円 うち成長投資枠 1200万円	
	一般	最大600万円		
制度が使える期間	つみたて	2042年まで	恒久化	
	一般	2027年まで		

出所：バリューアドバイザーズ作成

化」「生涯投資額1800万円に拡大」「つみたて投資枠と成長投資枠の併用」です。18歳以上であればいつでも始められ、制度自体が終了しない限り、いつまでも取り組むことが可能です。年間投資枠は長期の積立・分散投資に適した一定の投資信託に投資する積立投資枠が120万円、上場株式や投資信託が対象の成長投資枠が240万円、1800万円まで保有することができます（そのうち成長投資枠は1200万円）。

新ＮＩＳＡではさまざまな金融商品に投資ができ、期限に迫られることもありません。50代以上の方が非課税投資をできる有効な手段であり、長期視点のコア投資として積極的に活用すべきです。

なお、ＮＩＳＡはイギリスで1999年に始まった税制優遇制度のＩＳＡを手本にしていますが、当時のイギリスではその利便性の高さから一気に普及し、保険募集人の約6割が廃業したそうです。貯蓄型保険よりもＩＳＡにメリットを感じる国民が多かったからでしょうが、使い勝手に優れる新ＮＩＳＡが広がることで、日本でも同様のことが起きるかもしれません。

▼ｉＤｅＣｏ（個人型確定拠出年金）

ｉＤｅＣｏは、確定拠出年金法に基づき実施されている私的年金の制度です。証券会社などの金融機関で専用の口座を開いてスタートできますが、加入は任意です。投資信託や預金、保険など自分で選んだ金融商品で資産を運用し、原則60歳以降に年金または一時金で受け取れますが、受取額は運用成績により変動します。運用がうまくいけば拠出金以上のリターンを期待できますし、反対にうまくいかなければ拠出金を下回る恐れがあるということです。

対象年齢は20歳以上65歳未満。自分が拠出した掛け金を自分で運用し、資産を形成しますが、原則として60歳になるまで資金を引き出すことはできません。運用中でも自由に換金できるＮＩＳＡとは異なる点です。

運用対象は投資信託など一般的な投資商品もあれば、預金をはじめ元本保証型の金融商品もあります。ただし口座を開く金融機関によってラインナップは異なるので事前にチェックしておく必要があります。

毎月の拠出限度額は加入する公的保険や立場によって異なります。最低額は月５０００円（年間６万円）で、１０００円単位で自身の加入資格に沿った限度額の範囲内で

ｉＤｅＣｏの拠出限度額について

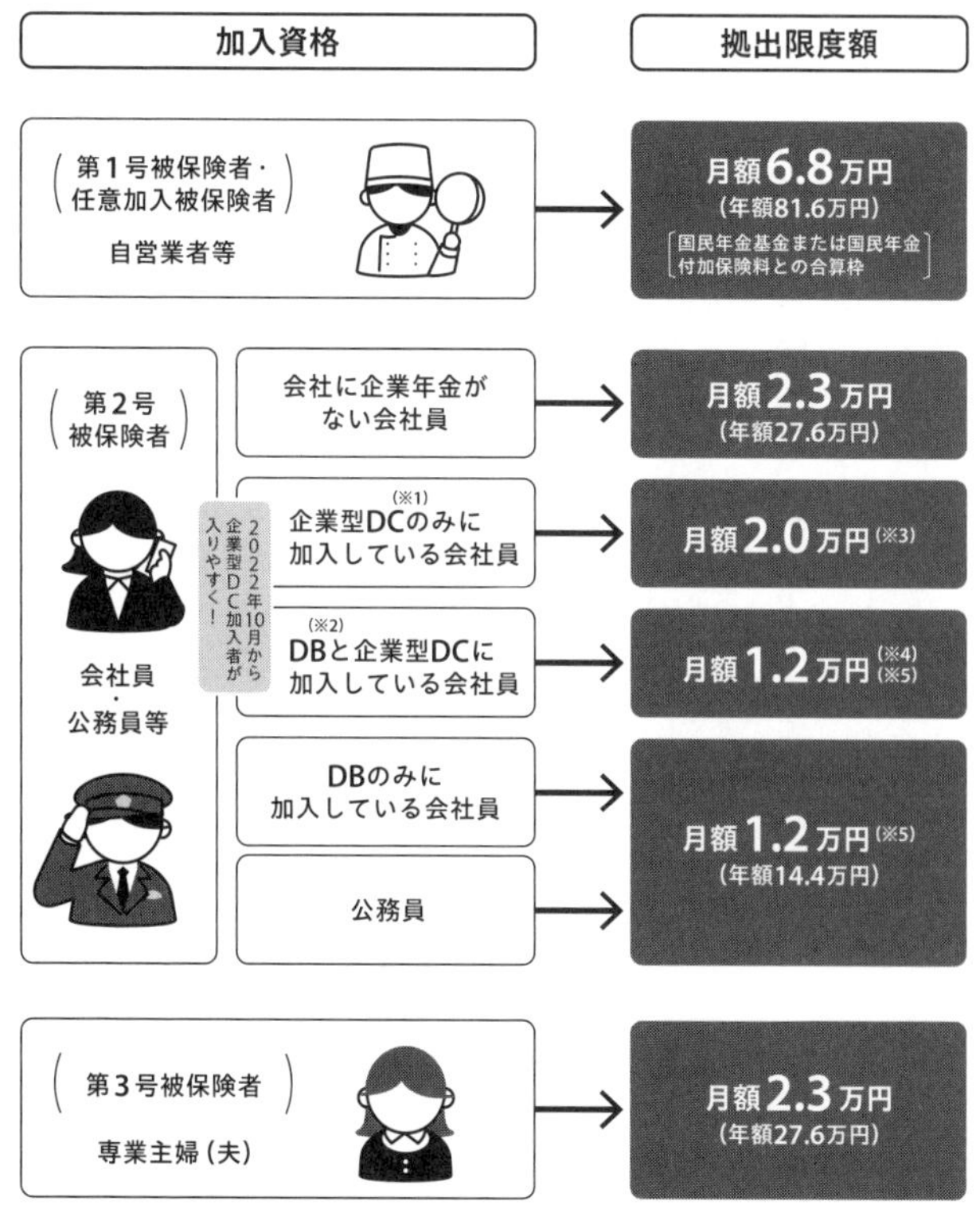

※1　企業型DCとは、企業型確定拠出年金のことをいう。
※2　DBとは、確定給付企業年金(DB)、厚生年金基金、石炭鉱業年金基金、私立学校教職員共済をいう。
※3　企業型確定拠出年金(企業型DC)のみに加入する場合、月額5.5万円－各月の企業型DCの事業主掛金額(ただし、月額2万円を上限)
※4　企業型DCとDB等の他制度に加入する場合
※5　2024年12月より月額2万円に上限引き上げ

出所：バリューアドバイザーズ作成

設定できますが、その上限は自営業者等（第1号被保険者）で月6万8000円（年間81万6000円）、会社員・公務員（第2号被保険者）は月1万2000円～2万3000円（年間14万4000円～27万6000円）、専業主婦（夫）（第3号被保険者）は月2万3000円（年間27万6000円）です。

iDeCoの年金資金は、老齢給付金として原則60歳から受け取ることができ、受給開始時期は75歳になるまでの間で選ぶことが可能です。ただし60歳から受け取るにはそれまでiDeCoに加入していた期間等（確定拠出年金の通算加入者等期間）が10年以上必要で、10年に満たない場合は受給可能年齢が下図のように繰り下げられます。

iDeCoでは、拠出時・運用時・受給時の三つのタイミングで税制優遇を受けることができます。

加入期間等に応じた受給開始年齢

10年以上 ➡ **60歳**	8年以上10年未満 ➡ **61歳**
6年以上8年未満 ➡ **62歳**	4年以上6年未満 ➡ **63歳**
2年以上4年未満 ➡ **64歳**	1ヵ月以上2年未満 ➡ **65歳**

出所：バリューアドバイザーズ作成

▼拠出時　掛け金は全額所得控除

掛け金は全額が所得控除の対象となり、仮に毎月の掛金が1万円の場合、所得税（10％）、住民税（10％）とすると、年間2万4000円の税金が軽減されます。

▼運用時　運用益は非課税扱い

通常、金融商品を運用すると運用益に課税されますが、iDeCoはNISAと同じく非課税扱いです。

▼受給時　公的年金等控除、退職所得控除の対象

年金として受け取る場合は「公的年金等控除」、一時金として受け取る場合は「退職所得控除」の対象になります。

年金資金の受け取り方法は、以下の三つから選択できます。

▼一時金として受け取る

受給権が発生する年齢（原則60歳）に達したら、75歳になるまでの間に一時金として一括で受け取ります。

▼年金として受け取る

受給権が発生する年齢（原則60歳）に達したら、75歳になるまでの間で5年以上20年以下の期間で、金融機関（運営管理機関）が定める方法で受け取ります。

▼一時金と年金のハイブリッドで受け取る

受給権が発生する年齢（原則60歳）に達したら、一部の年金資産を一時金で受け取り、残りの年金資産を年金で受け取ります。一部の金融機関で対応しています。

共に資産形成を支援する制度ですが、iDeCoはセカンドライフの資金作りが目的なので原則60歳まで資産を引き出すことはできません。対して新NISAはいつでも換金できるので、必要に応じて教育資金や住宅の購入資金に充てることができます。

換金性を重視するならNISA、途中で換金する予定がなくセカンドライフのための資金ならiDeCoという使い分けになるでしょう。

公的年金が国民年金のみの自営業やフリーランス、退職金に不安のある会社に勤める会社員の場合、iDeCoはセカンドライフの資金作りに有効な制度です。一方、専業主婦・主夫のように所得控除の恩恵を受けられない人は、新NISAを優先した方がよいかもしれません。充実した企業型拠出年金（DC）がある会社員も同様です。

セカンドライフの資金作りと節税効果を狙うならiDeCo、教育費や住宅購入費の頭金など流動性を確保したいなら新NISAという基準から考え始め、自身の投資の目的と資産額や収入を照らし合わせながら両方の活用を検討しましょう。

金融資産の伸び率はアメリカと日本で大きく違う！

ＦＲＢ（米連邦準備制度理事会）によると、米国の個人金融資産は約１１３兆ドル（１京２８００兆円）に上り、過去20年間で3倍に増えました。対して日本は同じ期間で１・4倍にしか増えませんでした。

背景として挙げられるのは個人金融資産の内訳です。先述したように、アメリカは株式投資や投資信託、日本は預貯金が半分以上を占めています。結果リターンに差が生じたわけです。

毎年、私たちは資産運用の最前線を知るためにアメリカ視察に赴いていますが、現地では株式投資や投資信託を使った資産運用が当たり前でＩＦＡの活用も進んでいます。

日本でも新ＮＩＳＡやｉＤｅＣｏのさらなる普及がＩＦＡの認知度を高め、良きお金の相談相手に選ばれていくのかもしれません。

これまでの内容で、皆さんは日常において間接的とはいえ投資にかかわっていて、投資自体が怖いものではないとご理解いただけたのではないでしょうか。また年金や保険などの公的制度について知ることで「保険は果たしてどれだけ必要なのか」を考える機会になったかと思います。

続く第3章では、具体的なお金の置き場所や金融商品の選び方について解説します。資産運用についてより深く学んでいきましょう。

各国の家計金融資産の推移

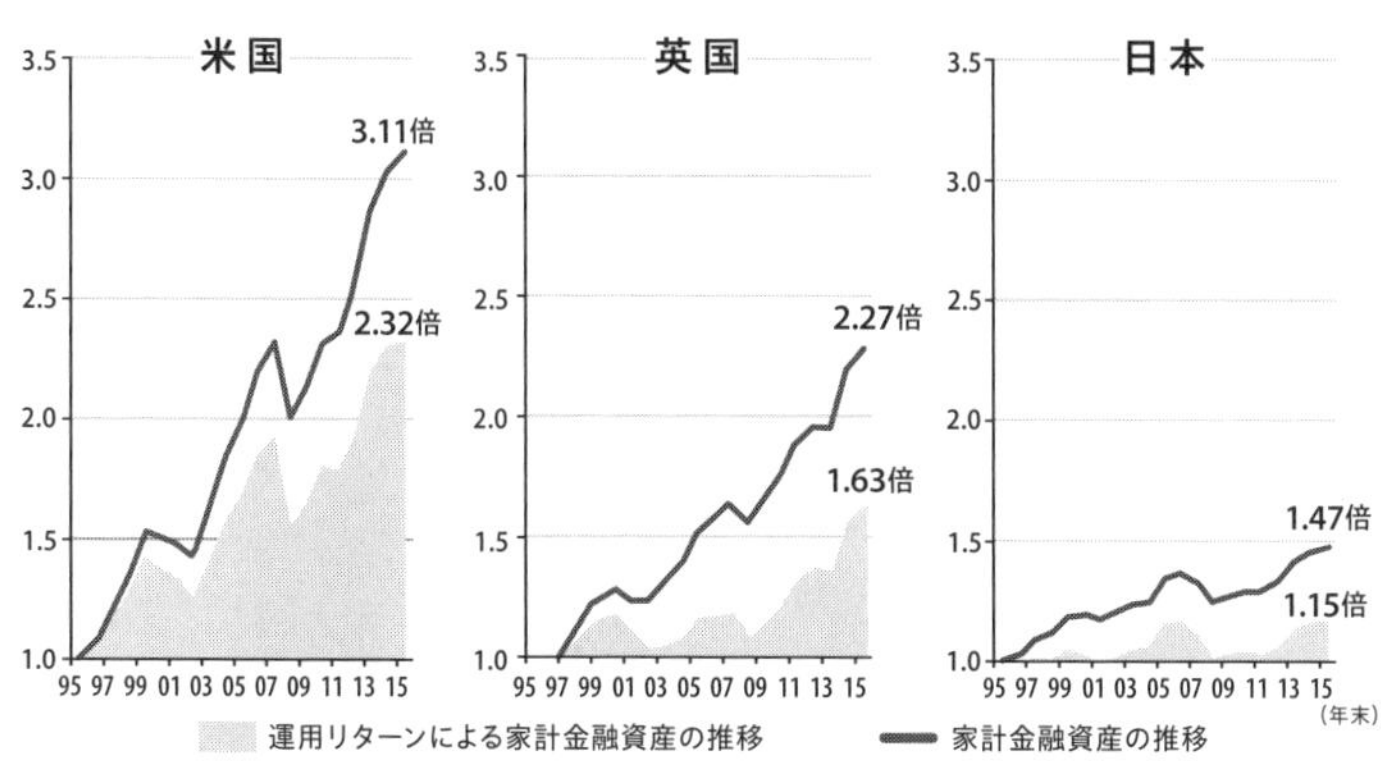

※1995年＝1（英国のみ1997年=1）とする

出所：金融庁の資料を基にバリューアドバイザーズ作成

FPA
Wednesday, September 27

Dimensional
FUND ADVISORS

Dimensional

欧米視察の様子

コラム

お金の相談は誰にすべき？ 真剣に考えよう

欧米諸国では、お金の相談をＩＦＡにするのが当たり前になりつつあります。しかし、いまだに日本では大手金融機関に相談するのが当たり前のようです。それぞれの違いについて理解をし、メリットデメリットを比較して誰に相談すべきかを決めましょう。

ＩＦＡを活用するメリットは、資産運用に関する各種相談に乗ってもらえるのはもちろんのこと、お金の取り崩し方の指南、各種専門家の紹介、次世代の資産継承なども挙げられます。

例として、複利運用で作り上げた金融資産一億円を「一億円の資産を取り崩す生活は怖いけど、一億円の資産から得られる利息のみを使う生活なら安心」という人は、債券運用（単利）に切り替え、利息を受け取り、その利息は自由に使い、元本はそのまま次世代に継承するという手法を取る方もいます。こういった個別の悩みや目的に合わせてアドバイスだけでなく実行支援のサポートをできるのが

IFAの強みです。

お金について相談できるのはIFAだけではありません。保険募集人や証券会社の営業担当や金融機関のスタッフ、FPもいます。それぞれの特徴は下図にもまとめましたが、保険募集人は保険商品の販売はできますが、お客様の投資の相談やNISA口座の運用サポートをすることはできません。

また大手金融機関の営業職は組織に属する立場なので、会社の経営や営業方針に従う必要があります。販売を強化したい商品があれば顧客にプッシュしないといけませんし、ノルマを課せられることも多いと聞きます。

お金の相談場所の違い

	大手金融機関	大手保険代理店	FP	IFA
転勤・異動	通常3~5年で転勤	基本的になし	基本的になし	基本的になし
固定費	基本的に大きい	基本的に大きい	基本的に小さい	基本的に小さい
ノルマ	あるところが多い	あるところが多い	なし	なし
手数料体系	株か投資信託の売買手数料	保険の販売手数料（フルコミッション）	相談料	残高報酬
提案方法	プロダクトプッシュ	貯蓄型保険	目的に沿った提案	目的に沿った提案

※FPは資産運用に対する金融商品の具体的な提案や実行支援を行うことができません。

出所：バリューアドバイザーズ作成

顧客のニーズよりも組織の都合を優先した提案をせざるをえない場面があるなど、本当に寄り添った提案ができるかどうかは分かりません。取り扱う金融商品もグループ会社の商品が多いなど、偏りが見られることもあります。

金融商品の購入時や求めるタイミングで相談はできますが、その内容は取扱商品の範囲内に限られたり、平日夕方以降は相談不可、土日なども一切対応していないなど、自分に合った提案内容や対応方法は期待できないこともあるようです。また、FPは家計の改善やライフプランの相談相手として強みを持っていますが、投資の実行支援

バリューアドバイザーズは生涯の資産運用パートナーです

3つの特徴

❶ゴールベース運用

相場に左右されず、お客様の目的・目標から逆算して運用プランを立てます

❷チームコンサルティング

社員全員でお客様の運用プランを考えることで質の高い提案を行います

❸資産継承

弊社は資産運用だけでなく、次世代への資産継承までサポートいたします

をお願いすることはできません。

ＦＰの方に相談をして、投資の実行支援はＩＦＡにお願いすることもできます。弊社もＦＰの方と連携をして、お客様のアドバイスやフォローをするケースもあります。

ただし、ＩＦＡも金融商品の販売実績が収入に直結するフルコミッション型と、そうではない正社員型の二種類にタイプが分かれます。弊社では後者を採用しています。

また「残高報酬制」といってお客様の資産増加が反映されるので、お客様と同じ目的に向かって長期運用で資産を増やしていただかなければいけません。そのため定期面談など、アフターフォローにも力を入れています。

弊社の三つの特徴は、前ページの図で紹介させていただいています。

第3章

55歳からのお金の置き場所、使い方次第で人生の満足度が決まる！

第2章では、投資に対する基本的な考え方や、公的年金・公的保険制度の基本について述べました。広義では、私たち一人ひとりが投資家であり、一人ひとりがどこかに預けたお金は機関投資家を通じて運用されています。投資を過度に恐れる必要はなく、押さえるべきは「コア投資」を心掛けることです。目的や目標に合わせて、複利運用を実践することで、資産は効率的に増えていきます。

続く本章は「資産運用の実践編」と位置づけました。どのような姿勢で投資と向き合い、どういった投資商品を選択すれば、50代のミドル世代の皆様が安心して投資と付き合えるのかを解説します。また投資信託や債券など「お金の置き場所」だけではなく、増えたお金の使い方にも言及しました。

増えたお金を使うことまでを想定し、運用を始める人は少数です。運用で増えたお金を「もったいない」とばかりに使わないまま置いておく方もいます。気持ちは分かりますが、お金は使ってこそ豊かな暮らしを実現することができます。お金は手段、道具であり、お金をうまく活用することで、ご自身だけでなくご家族にも豊かさの好循環を生み出せるのです。

また、生命保険を活用した相続対策についても触れました。「増やすお金、使うお金、残すお金」と事前に資産の色分けをすることで次世代に効果的に資産をつなぐことができます。ぜひ実践のために知識を身につけてください。

ゴールベース運用が大事。自分の人生の目的、目標を定めることから始める

前章では、50代以上の資産運用は基本的には5年以上の「コア投資」がお勧めであると提案しました。中長期に取り組むことでリスクを抑え、安定的なパフォーマンスが期待できるからです。

そこで、まずはコア投資を実践するための基本的な考え方「ゴールベース運用」について解説します。

「ゴールベース運用とは「いつまでに」「何を目的に」「どれくらいの資産が必要か」など、資産運用の目的や期日といった「ゴール」を明確に定め、そのゴールに向かっ

て運用する手法を指します。

例えば3000万円の現預金を持っている55歳の方が、65歳までに5000万円に増やし、セカンドライフはそのお金を取り崩して生活したいとします。

この場合は10年間で2000万円増やす必要があるため、およそ年5・2％の利回りが必要です。

このように具体的な数字に合わせた金融商品で運用するプランを立てていくのが、ゴールベース運用の基本です。

例えば、年金に加えて月に20万円の利息収入がほしい、といった目標でも構いません。

現状の資産額と目標額のギャップによ

ゴールベース運用とは

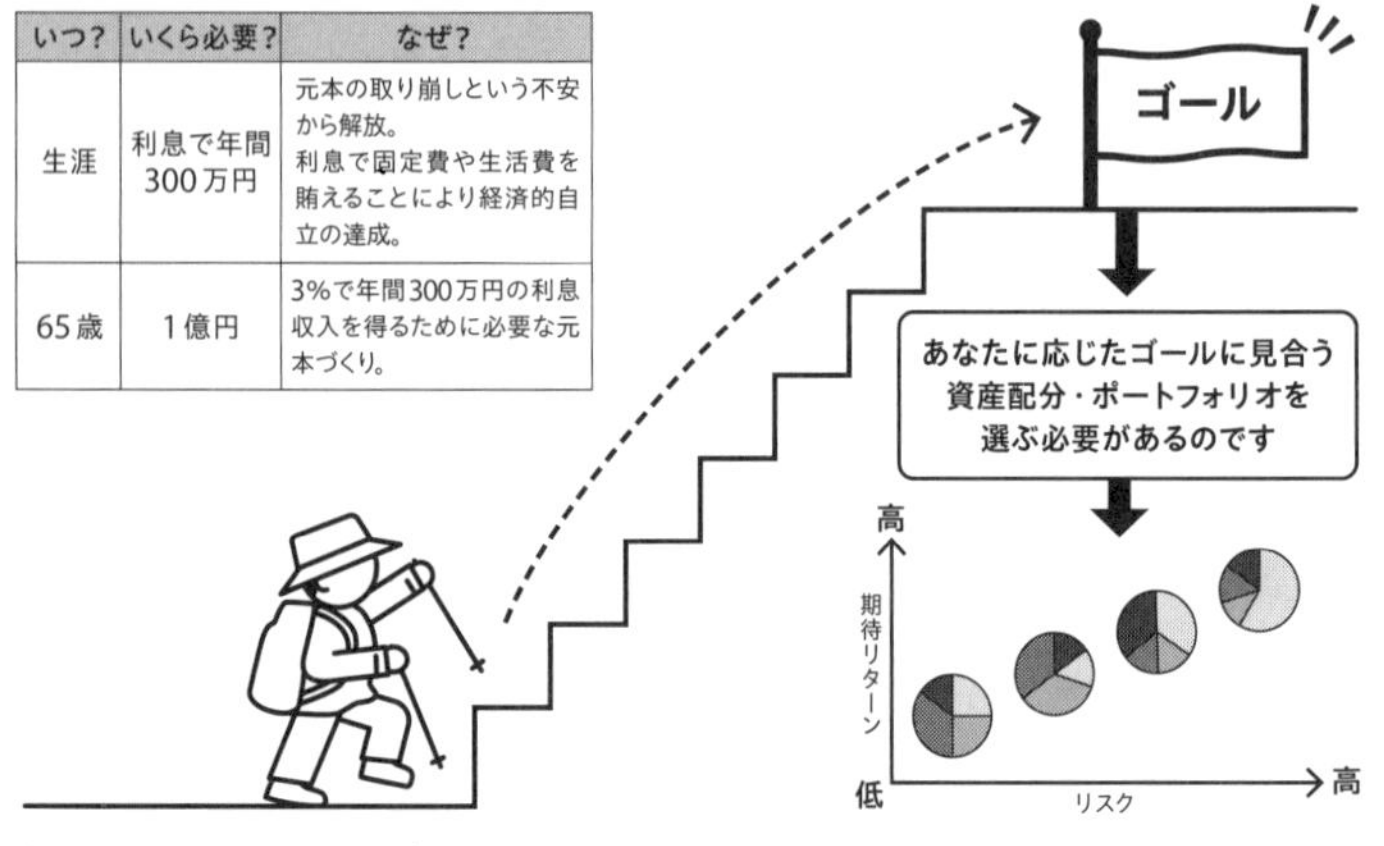

いつ?	いくら必要?	なぜ?
生涯	利息で年間300万円	元本の取り崩しという不安から解放。利息で固定費や生活費を賄えることにより経済的自立の達成。
65歳	1億円	3%で年間300万円の利息収入を得るために必要な元本づくり。

出所：バリューアドバイザーズ作成

り、運用する金融商品は異なりますが、コア投資は5年以上の運用を前提としているので、対象となるのは債券や世界株式の投資信託などです。どの金融商品を選択するかは、運用期間や目標額に照らし合わせて最適なものを選択するとよいでしょう。

他方、マーケットベースで運用するサテライト投資は「投資でお金を増やす」という考えは同じでも、明確な目標やゴールがありません。ゴールがあったとしても、2章でお伝えした投資ではなく、「来月に資産を二倍にしたい」といった投機の考えになり、リアルタイムの相場で短期的な儲けを目的とします。

例えばマーケットは長期で上昇していく傾向がありますが、短期で見ると下落することも多くあるため、うまく増やすこともできる可能性もありますが、相場の上がり下がりに翻弄され、頻繁に売買し、結果的に全く資産は増えていないということもあります。

また、営業担当から紹介される金融商品で「このくらいの利益が期待できる」「短期で稼げる」といった目先の利益の言葉にどうしてもフォーカスしてしまいがちです。

しかし、それは投資家が短期で頻繁に売買することによって金融機関に多くの手数料収益がもたらされ、投資家の資金が増えても減っても、手数料だけが取られ続けるので注意が必要です。

商品ありきの「プロダクトプッシュ」の営業になるのは、その裏に金融機関も短期的に稼ぎやすいという理由が一つ挙げられます。

ただしゴールベース運用といっても、自分一人で運用の目的を考えることができる方もいれば、苦手な方もいらっしゃいます。その場合は私たちのような資産運用の専門家がご相談者様に関わることで、ゴールや運用目的を考えるサポートを行います。

しかしながらアドバイザー側が積極的に金融商品を紹介することはありません。あくまで資産運用の主役はご相談者様ですから、ヒアリングした理想のセカンドライフに沿った提案をしています。

初めて資産運用を始める方は「退職後のセカンドライフの生活が不安」といった漠然とした悩みを抱えていても、具体的なプラン実行にまで落とし込むことが難しいようです。

そこで弊社は、ご相談にいらしたお客様には必ず「ご相談でどんなことを聞きたいか」「資産運用の経験」「運用の目標」「将来の夢」「現在の生活費や積立額」「収入と収入源」「金融資産」「家族構成」などをお伺いしています。

さらにヒアリングでは、課題や思い描く理想を掘り起こし、見える化するのがセオリーです。読者の皆様もご自身の運用を考える際にはぜひ一度自問自答してみてください。目標や今後のプランを人に話すことで、本当に求めている将来が明確化されていくこともあるので、ご家族で話し合ってみるのも良いでしょう。

具体的な運用に関しては、例えば1000万円の資金で上下20％の振れ幅（リスク）がある株式投資信託を購入したとします。この場合短期的に1200万円に増えることもあれば800万円に資金が減る可能性もあるので、このリスクに耐えられるかどうかが購入の決め手となります。

仮にリスクが怖くて手を出せないなら、ゴールの再設定や運用商品の変更、資金の増額などを再検討し、改めて提案します。このようなディスカッションを繰り返しながら、合意の上で実際の運用がスタートします。

資産運用は登山やマラソンと同じで、事前の準備やペース配分を明確にしておかないとゴールに辿り着くのが難しくなります。全力疾走でフルマラソンを走り切ることはできませんし、高尾山に登る格好でエベレストにチャレンジすると命を落としてしまうリスクもあります。エベレストに登るというゴールが分かっているからこそ、そのゴールに向けた事前準備やトレーニング、服装や持ち物などを揃えることができるのです。資産運用も同様で、ゴールから逆算することでこそ成功に近づけます。

そしてゴールによって運用するアセットアロケーションは人それぞれ異なります。

ＮＩＳＡ・iＤeＣoはゴールベース運用に適した投資の手段

前章で取り上げたＮＩＳＡやiＤeＣoはあくまで資産運用の手段であり、お金を増やす目的や目標ではありません。これらの制度、とりわけiＤeＣoの加入年齢は65歳までとなっているので、ゴールベース運用として活用しやすい手段です。

ＮＩＳＡは２０２４年1月の改正で制度自体が恒久化し、非課税運用期間も無期限化されましたが、運用対象は個別株以外に、非常に多くの投資信託が用意されています。共に投資できる金額に上限はありますが、目標を定めた資産運用のツールとしての活用に向いた制度です。

なお、ライフシミュレーションやライフプランニングをもとに、最適な商品を提案する保険募集人は、ゴールベース運用に非常に近い考え方です。

ただし、ソリューションとして提示できる商品が保険しかないのが問題となるのと、フォローアップよりも入り口での手数料が大きく、既存顧客フォローよりも新規顧客開拓に時間を割く傾向があります。もちろん全ての保険募集人ではありませんが、一部の方は販売したらその後のフォローが全くなかったり、数年で「この保険は払済保険に変更しましょう」など、加入前から貯蓄型保険を払済前提

「ゴールベース」プランニング

「ゴールベース」プランニング		「ゴールベースでない」プランニング
顧客の人生におけるゴールを包括的にカバー 老後のライフスタイル、子孫の学歴、相続目標額等を同時考慮	包括性	**個別のニーズ単位（または1回のみ包括的にカバー）** 退職貯蓄、教育、相続、保障等のニーズ特定時に適宜対応
顧客ゴールの特定と他社預り資産の把握を前提 実現可能性を踏まえた目標設定や優先順位付けも相談	営業アプローチ	**必要最小限のプロファイリングによるプラン検討** 一部のニーズに対応する資産や口座を中心にプランを策定
将来的調整も念頭においたプラン提案 顧客状況が変化する場合の見直しやアップデートが前提	提案・実行	**販売時点限り** 商品（通常は単品）の販売をもってプロセスが完結的
継続的コンサルティングと不可分なFD（フィデューシャリー・デューティー）上の義務 ゴールへの進捗と顧客状況変化を継続監視しプラン更新	フォローアップ	**原則なし** 営業員の努力や顧客要求次第でフォローしプランをアップ

出所：バリューアドバイザーズ作成

で提案する「払済話法」が保険業界の問題となっています。

ゴールは変わるからこそ定期的な確認が必要

ゴールベース運用で注意すべき点は、何らかの事情でゴールが変わる可能性があることです。例えば国公立大学を目指しているお子様が私立に進学することになると、学費は増えます。それこそ医学部なら国公立と私立で学費は雲泥の差があります。ご自身やご家族の健康、ご両親の介護、さらには夫婦の死別だってあるかもしれません。VUCAの時代と言われていますから、ゴールが変わる可能性があることを自覚しておきましょう（※VUCAとは、「Volatility」「Uncertainty」「Complexity」「Ambiguity」の頭文字を取った単語で、不安定で不確実で複雑で曖昧な状況を示す）。

ただし、やむを得ない事情があるなら仕方ありませんが軽はずみな気持ちで変更することはお勧めできません。「ゴールポストを動かす」と私たちは呼びますが、当初5000万円を貯める予定が7000万円に変更するとなると、運用する金融商品を変えたり、原資を増やしたりする必要が生じます。

ゴールをプラス2000万円に設定することで、日常生活であえて我慢をしながら投資額を増やす、自分の楽しみにお金を使う時期を遅らせるなど、そこまでする必要はないと私たちは考えています。

資産運用を始めると、目的が「より多く資産を増やしたい」にいつのまにか変更されてしまい、当初のゴールに到達してもお金をセカンドライフの楽しみに一切使わず、増やし続けることがあります。

だからこそ、定期的にご自身のゴールを確認する必要があります。一人では気づかないこともあるので、ご家族と相談したり、お金の専門家に相談するのもありでしょう。

ゴールベース運用の事例❶

理想のセカンドライフのため

では実際に、どういった流れでゴールベース運用を始めるのでしょうか。ここでは弊社の実際のご相談内容を紹介します。個人情報の観点からお名前は伏せて、内容も少しアレンジさせていただいております。

先述の通り、弊社ではヒアリングをもとにゴールを決め、お客様の目標到達に向けて必要な利回りを算出し、リスク許容範囲に合わせて具体的なポートフォリオを考えます。

仮に、初めての投資でなかなかリスクを取ることができない方なら、運用期間を延ばすなど、適宜調整を加えて最終的なプランを決定します。

例えば、59歳で早期退職したAさん。

証券会社の営業担当に言われるがまま、目的もなくテーマ型の投資信託を売買していました。当然ながらそれではAさんが求める安定的なリターンを得ることができていませんでした。そうした悩みを弊社にご相談いただき、ヒアリングを重ねたところ、運用の目的は「豊かなセカンドライフを過ごすための資金確保」でした。

そこでAさんに提案したのは、余裕資金3000万円を債券（社債）中心にポートフォリオを組み換え、税引後に年間100万円ほどの利息を受け取るという内容です。

むしろ債券（社債）が中心の運用にシフトしたことで安定的なリターンが実現し、かつ定期的な面談で内容を確認することで、安心してセカンドライフを過ごせていると、とても喜んでいただいています。

現役の会社員で安定した収入があるなら積立投資と組み合わせたプランも提案できます。

Aさんと同じく3000万円の余裕資金を持つ55歳のBさんは、お子様の教育費も一段落し、65歳の定年までに理想のセカンドライフに向けて資産を5000万円まで増やしたいという目標がありました。

ただし年齢と投資期間を考えると全資産を株式型の投資信託でリスクを取って一括運用することはお勧めできません。

そこで3000万円は全世界株式と債券の投資信託でポートフォリオを組み、3％

の運用を目指し、10年間で約4000万円を目標にしましょうと提案しました。

加えて、これでは目標に届かないので、給与所得から毎月8万円を全世界株式の投資信託をドルコスト平均法で積立していき、6％目標で運用することも併せて提案しました。

すると10年間で1317万円になる予測が立ち、先ほどの4000万円と合わせると約5300万円になり、目標までの道筋が立ちました。リタイアまで10年以上あり、働いている方は毎月の収入から積立投資もできるので、一括投資に加えて活用することができます。ゴールが決まり、リスクに対する考え方も分かると、多様なプランを設定することができるのです。

65歳で定年退職を迎えたCさんは、公的年金をご夫婦で月28万円受け取れてはいるけれど、月の生活費や家の修繕費、そして趣味の旅行も合わせると月42万円が余裕のある生活に必要とのことでした。そのため毎月14万円を現預金から取り崩して生活し、資産がどんどん目減りしていくのが不安だというご相談でした。

保有資産は6000万円。6000万円のうち1000万円は何かあった時のために普通預金で備えておき、最低１０００万円はお葬式代等も考慮して子どもに残してあげたいとのことで、米ドル建て一時払終身保険の定期支払金が約４％確保できる商品を、死亡保険金の受取人をお子様にして契約しました。残りの４０００万円を債券（社債）でポートフォリオを構築し、約４％の利息を受け取ることができる提案をしました。

これなら税引後月に約14万円を捻出できるので、『資産を一切取り崩すことなく』年金と合わせて理想のセカンドライフを過ごせます。

何もしないとお金を取り崩す不安と戦いながらのセカンドライフとなりますが、大事な資産の置き場所を少し変えるだけで、資産を取り崩すことなく、ご夫婦の理想のセカンドライフが実現でき、お子様たちにも資産を残すことができます。Ｃさんはプランに満足され運用をスタートし、もうすぐ生まれてくるお孫様に何を買ってあげようかと楽しそうに話していたのが印象的でした。

セカンドライフを迎えると現役時代に比べて時間的な余裕が生まれ、旅行やレジャーに行きたくなったり、介護を見越して住む場所を検討しなければなりません。それなりのお金が必要であり、公的年金や退職金だけで理想のセカンドライフ資金をカバーするのは難しい方が多いのではないでしょうか。

現役時代から引退後の理想とするセカンドライフに必要な資産を考え、早めにシミュレーションをしておくことをお勧めします。

ゴールベース運用の事例❷

お子様やお孫様に資産を残したい

お子様のマイホーム購入を援助したり、お子様やお孫様に暦年贈与で資産を渡したいと考えている場合はどうなるでしょう。

60歳になったばかりのDさんがまさにその例で、金融資産はあるものの、現預金のまま置いておくのはもったいないので、この金融資産を有効活用してお子様やお孫様に渡していきたいというご要望でした。

税理士の先生も交えて話し合った結果、株式投資信託と債券をバランス良く配分し、運用で得たリターンを非課税枠が年間110万円ある暦年贈与を活用し、お子様やお孫様に渡していきましょうとアドバイスしました。Dさんご自身のセカンドライフもあるのでリスクは取りすぎず、バランスの取れた提案だとご快諾いただきました。

ただしこの話には続きがあります。Ｄさんから贈与された資産を使い、お子様には全世界株式を使った投資信託で30年以上の運用を提案しました。Ｄさんが30年間運用をするのは長すぎてリスクが高まりますが、20代のお子様に30年の運用期間は全く問題がありません。Ｄさんも贈与したお金をお子様に無駄遣いしてほしくなかったようで、この提案にもご快諾いただきました。

お子様やお孫様にはお金を渡すだけでなく、弊社ではお金と一緒に金融リテラシーをプレゼントすることも推奨しています。お子様やお孫様と同席で相談に来られるお客様も多くいらっしゃいます。

読者の皆様もお子様、お孫様にはお金を贈与するだけでなく、金融リテラシーもお伝えしてみてください。

お金の置き場所により資産の増え方は大きく変わる！

多くの日本人がお金の置き場所として預貯金を選ぶのは、元本保証という安心感だけではなく、デフレに慣れていたことも無関係ではありません。物価が上がらないので金利がつかない預貯金であっても特に不安はなく、そのままにしている方が大半です。

ところが、新型コロナウイルス感染拡大によりモノやサービスの提供が滞り、ロシアによるウクライナ侵攻、円安などにより日本が輸入するモノの国際的な相場は大きく上昇し、価格に転嫁され始めているのはご存じの通りです。

総務省の調べによると、２０２３年の物価上昇率は前年比３・１％と高く、２０２４年も２％台で推移すると言われています。

今まで通り預貯金をお金の置き場所にしていると資産は目減りするだけですから、インフレに対抗できる場所に置き換えるべきです。

今の50代以上の方は人生の半分をデフレ下で過ごしてきたのでピンとこないかもしれませんが、資産運用の面では大きなパラダイムシフトを迎えていて、投資をするしないという話以前に今の生活を維持することすら危ぶまれます。

こうした話題になると、超低金利の預貯金にウェイトをかけるのはよくないことがご理解いただけると思いますが、さらに注意すべき点は何度も申し上げている貯蓄や運用を目的とした貯蓄型保険で

一括運用（複利と単利）

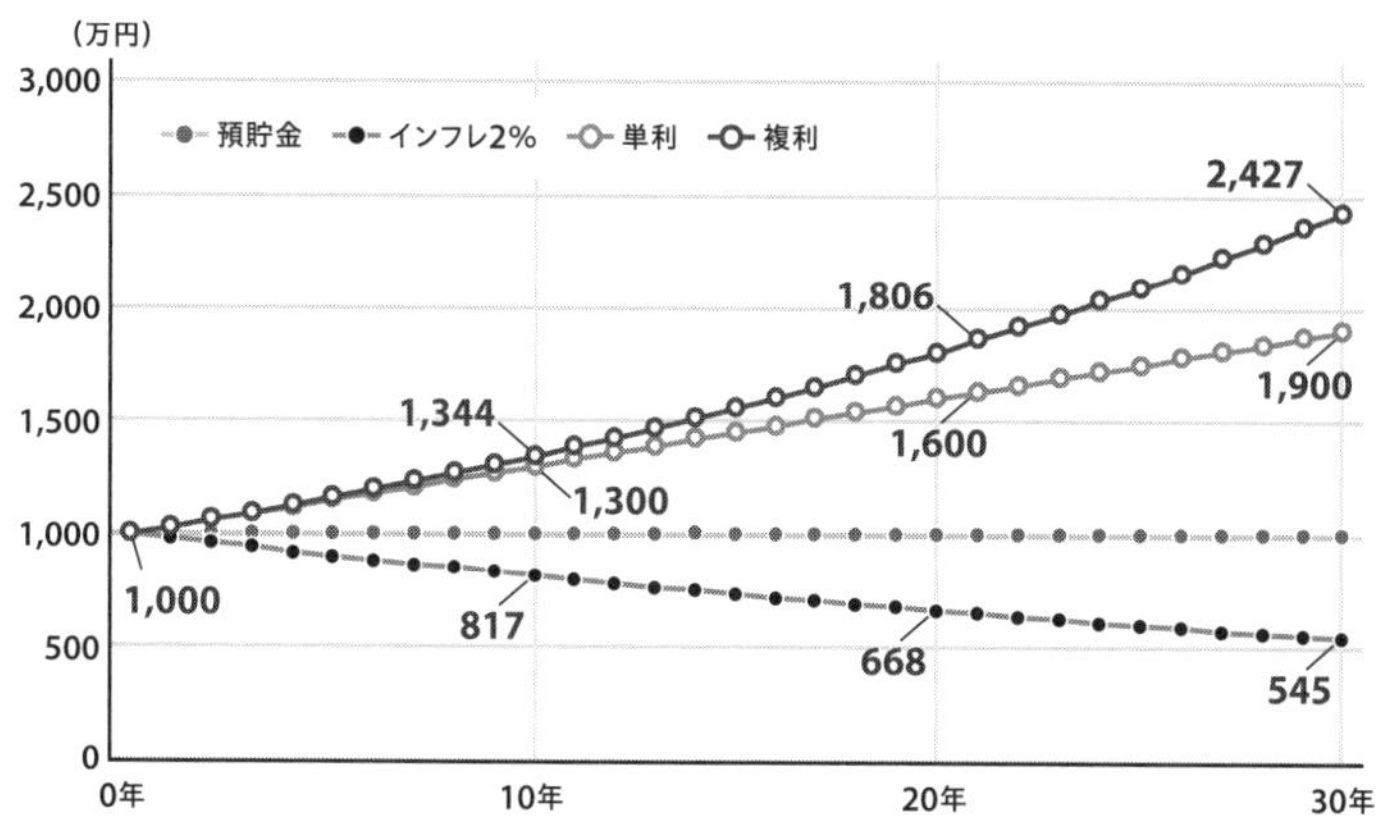

出所：バリューアドバイザーズ作成

す。

繰り返しますがこれらの商品は手を出しやすいですが効果的とは言えません。

前ページの図は1000万円を30年間運用した場合のシミュレーションです。複利・単利3％で運用した場合と、銀行に預けたままと、インフレ率2％のお金の価値を表しています。2％のインフレが続くと、1000万円のお金の価値は約半分の545万円の価値しかなくなってしまいます。お金の置き場所でこれほど大きな差が生まれることを理解するべきでしょう。

代表的なお金の置き場所

お金の置き場所はさまざまですが、ここでは貯蓄型保険以外の代表的な金融商品の概要についておさらいします。

お金の置き場所❶

株式

株式投資とは、東京証券取引所（東証）などに上場している個別株を運用して、売却益（値上がり益）や配当を狙う運用手法です。銘柄によっては株主に対するお礼として自社製品などを贈呈する株主優待制度を実施することもあります。２０２４年１月末時点で上場会社数は約４０００社あり、投資家はこの中から利益が期待できそうな銘柄を選び、運用します。日本のみならず、米国など海外の企業の株式も購入できるので、選択肢はかなり広いです。

株式最大のメリットは、大きな値上がり益（リターン）を期待できる点です。銘柄によっては二倍三倍どころか、なかには「テンバガー」と呼ばれる10倍以上も株価を上げるものもあり、これぞ個別株投資の醍醐味です。

また、株価の成長は企業の売上と利益の成長であり、要は企業がしっかりと大きくなっていけば株価も上昇していきます。売上だけが大きくなっていて利益の成長が伴っていない場合は、安売りなどで無理やり売上を伸ばしている可能性もあり、あくまで売上と利益の両輪で成長している会社が長期的に株価も伸びていく傾向がありま す。

なお、全世界の株式指数とGDPは共に右肩上がりで上昇しています。それは世界的に人口が増えているからです。例えば2003年時点の世界人口はおよそ64億人で、GDPは39兆ドル。ところが2023年になると人口は80億人となり、GDPも104兆ドルとなっています。これに伴い全世界株式の指数も上昇しています。

すなわち地球上に人が増え、その人たちが食事をしたり服を買ったり、大人になればマイホームを買って家財も揃えるなど、消費が増えれば増えるほど売上は増加し、企業は成長し、GDPは増え、株価に反映されるのです。

今後も世界の人口は増え、GDPも高まる傾向にあるので、株価も短期的には上下しながらも長期的に伸びていくでしょう。株式には将来的なポテンシャルがあり、魅力的であることは紛れもない事実です。

一方、多くの選択肢の中から上昇銘柄を見つけるのは簡単ではありません。また個別株の売買単位(単元株数)は基本的に100株ですが、株価が高いと最低購入金額が100万円を超える銘柄もあり、保有できる銘柄数にも限りがあります。

世界の名目GDPと全世界株式の推移

世界の人口増加

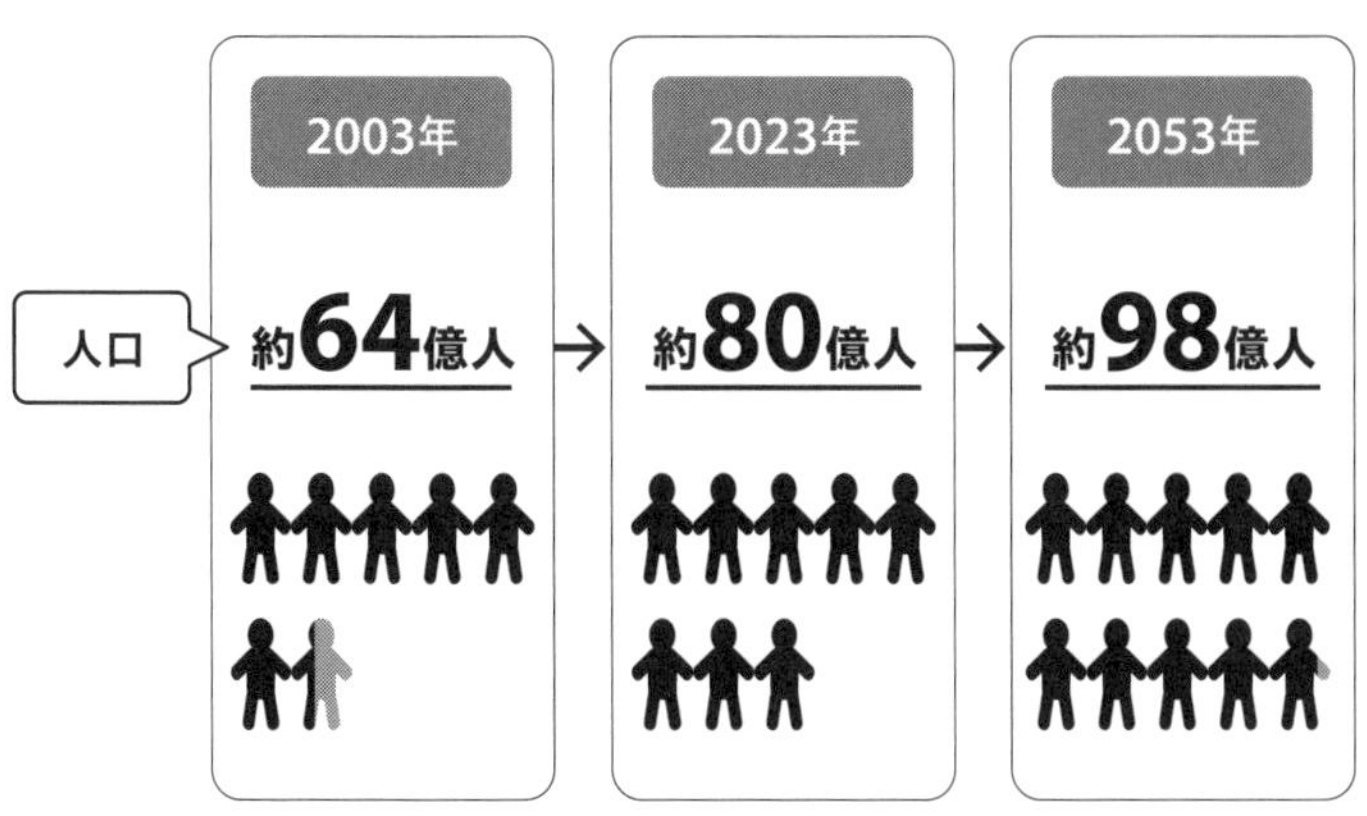

出所：国際連合「世界人口統計推計2022年版」を基にバリューアドバイザーズ作成

売買するタイミングや資金量により大きく成功する人もいれば、そうでない人も必ず現れます。趣味程度で好きな会社や親しみのある会社の株を１００株ほど保有し株主優待を手に入れるくらいなら問題ありませんが、個別株で本格的に儲けたいとなると、高度な知識や売買テクニックが求められ、実際に成功するのは一握りの投資家だけです。

また、個別株は日の値動きも気になりますから、ウォッチしながら自分なりに導いたルール通りに売買するのも、労力と精神力が求められます。若い時分ならまだしも、50代のミドル世代に向いているとは言えません。

個別株への投資は大きなリターンを狙える半面、大きなリスクを伴います。

出所：バリューアドバイザーズ作成

前ページの図はほんの一例ですが、過去には誰もが知っている企業が災害や不正などで株価が急落し、いまだに株価が戻らないケースもあるので、全資産を個別銘柄に投資することはお勧めしません。

お金の置き場所❷

債券

債券とは国や企業などが資金調達をするために発行する借用書のようなものです。種類は大きく三つに分けられます。

一つ目は、国や地方自治体が発行する「公社債」です。代表的なのは国が発行する国債で流通量が多く売買しやすく、日本で最も安心な運用先と言えます。他には、政府関係機関や特殊法人などが発行する政府関係機関債、都道府県などの地方自治体が発行する地方債があります。

二つ目は、金融機関や一般企業が発行する「社債」で、個人が購入できるものもあります。企業からすると銀行より低い金利で資金を調達でき、投資家はあくまでも企業にお金を貸しているだけなので、経営に干渉されることもありません。こうしたメリットを背景に発行する企業は多くあります。

三つ目は「外国債券(外債)」です。そのなかには、外国国債や外国政府機関など、中央政府が発行するソブリン債、世界銀行など世界の公的機関が発行する国際機関債、海外の事業会社などが発行する社債があり、その多くは外貨建てです。

債券の保有期間中は定期的に定められた利息を受け取ることができ、満期時(償還時)は元本(額面金額)が戻ってくるのが基本的な仕組みです。

利率や満期は発行時に決められますが、一般的に発行体のリスクが高いほど利率は高くなり、安心・安定的な発行体であ

債券の説明図

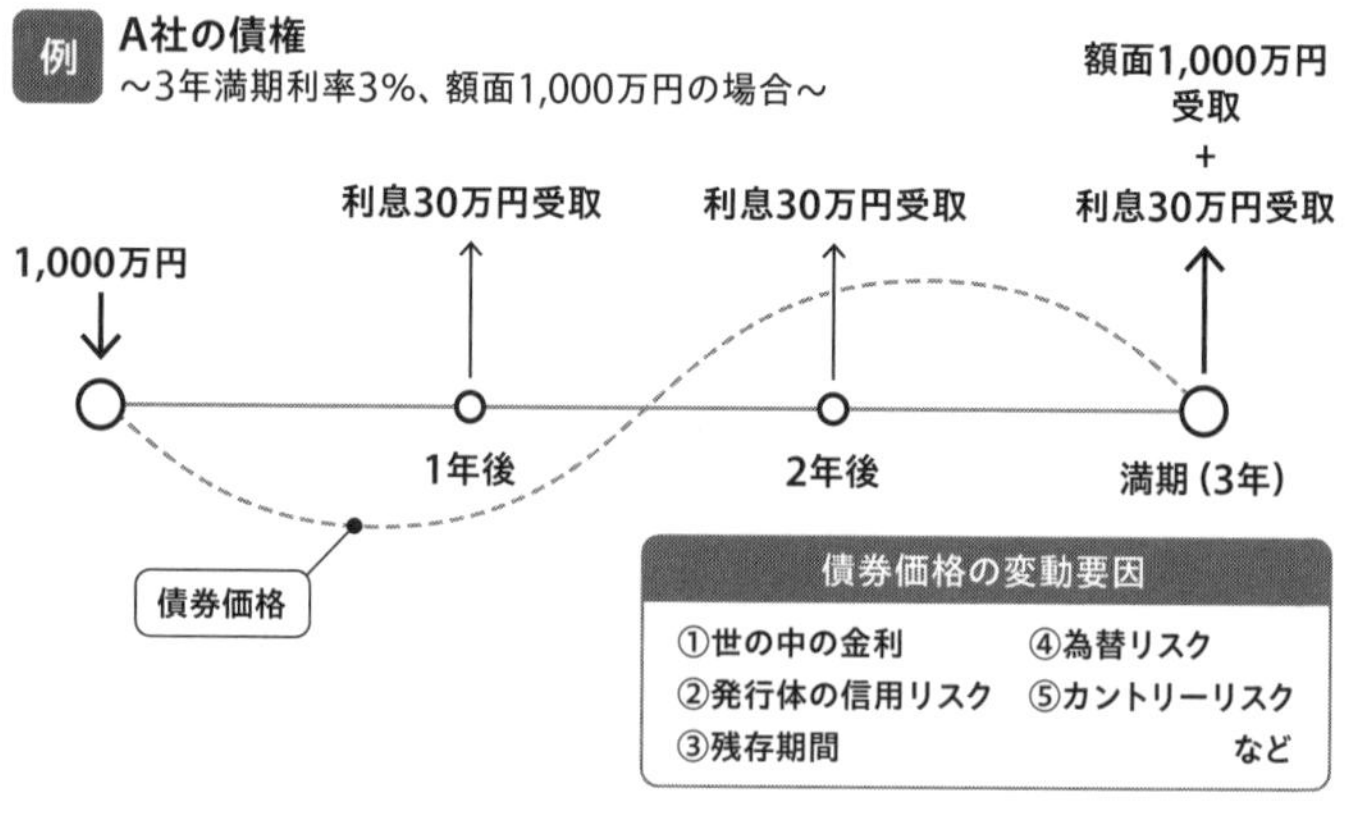

出所:バリューアドバイザーズ作成

ればあるほど利率は低くなります。

例えば、デフォルト（債務不履行）のリスクが高い新興国や財務体質の良くない会社なら、利率を高くしないと債券を買ってくれる投資家が見つかりません。そのため利率を高く設定するのです。このように信用力に応じた利回りを得られるのが債券の特徴です。

ただし定期預金なら途中で解約しても元本は保証されますが、債券の多くは市場の金利の動きにより価格が変化するため、途中売却のタイミングによっては債券価格が変わり、損失が生じる場合があります。よってあまり途中売却は考えず満期まで保有することをお勧めします。

お金の置き場所❸ 投資信託

投資信託（ファンド）は多数の投資家から集めたお金を一つの大きな資金としてまとめ、運用の専門家であるファンドマネージャーが国内外の株式や債券などに運用し、運用成績に応じて分配金が支払われる金融商品です。

投資信託自体は「投資信託運用会社」で作られ、証券会社や銀行などの「販売会社」を通じて販売され、日本だとその数は約6000本あります。

集めた資金は資産管理を専門とする「信託銀行」に保管し、運用会社は投資信託ごとの運用方針に基づき運用先を決めます。

なお、資産は分別管理されているので、販売会社や運用会社が倒産しても投資家の資金は守られる仕組みです。

投資信託のパフォーマンスは市場環境により変動し、購入後に運用がうまくいき利益を得られることもあれば、うまくいかずに運用した額を下回り損をするこ

投資信託イメージ図

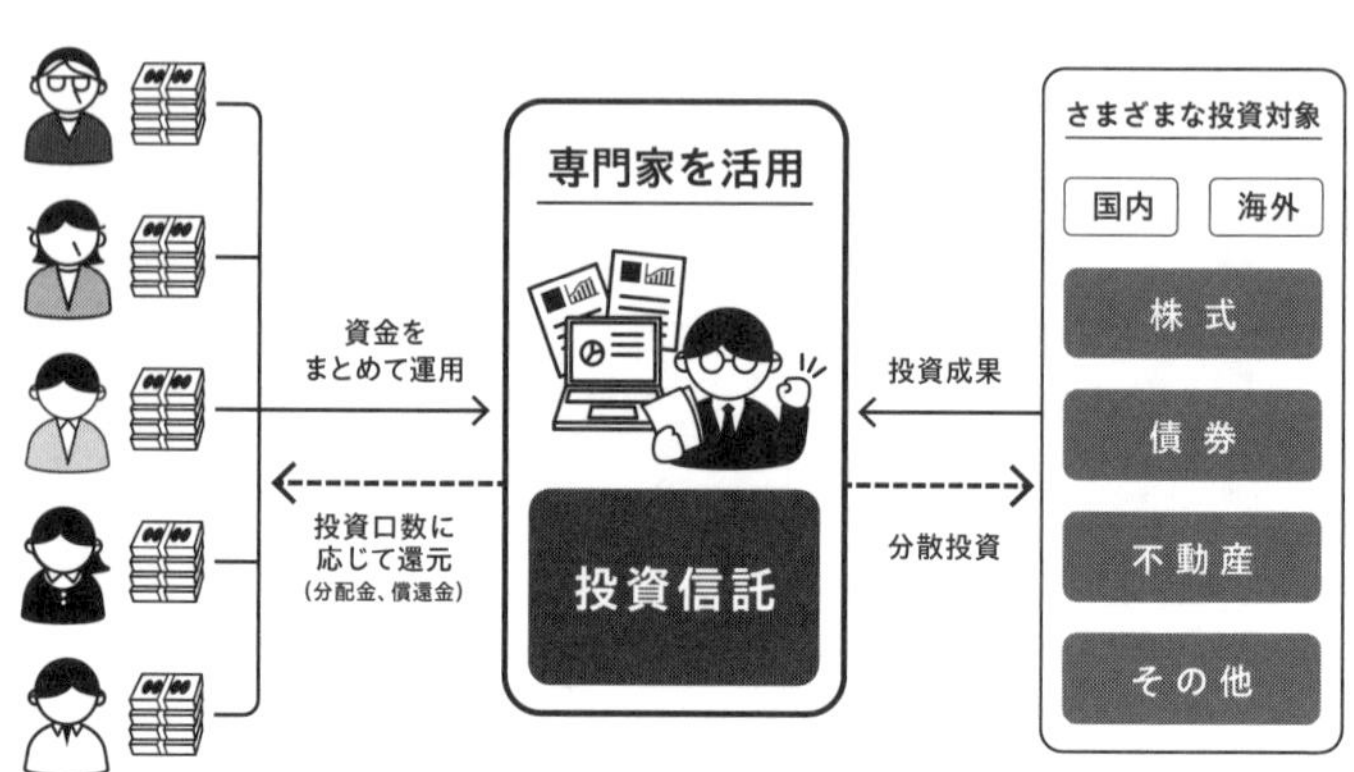

出所：バリューアドバイザーズ作成

ともあります。

投資信託の値段のことを「基準価額」といい、この基準価額は一万口当たりの値段で表示されます。運用開始時は一万口当たり一万円ですが、運用の成績により一万口の値段が変わり、これにより損益が生まれるのです。投資信託の決算時に運用収益を保有口数に応じて投資家に支払う「分配金」がある投資信託もあります。

投資信託は商品によって運用対象がさまざまあります。大まかな分類は次のようになります。

▼運用対象地域による区分

国内　……　主たる運用対象が国内の資産
海外　……　主たる運用対象が海外の資産
国内外　……　主たる運用対象が国内及び海外の資産

▼運用対象による区分

株式　……　主たる運用対象が株式

債券……主たる運用対象が債券
不動産（ＲＥＩＴ）……主たる運用対象が不動産投資信託や不動産投資法人
資産複合……主たる運用対象が株式と債券など複数
その他……これら以外が運用対象

50代以上のコア投資は投資信託が最適

50代以上の方がコア投資をするには、投資信託が最もフィットしていると考えています。一つの商品で分散投資ができ、運用自体はプロに任せられるなど数多くのメリットがあるからです。株式や債券にはある程度まとまった資金が必要ですが、投資信託なら最低１００円から手軽に始めることもできます。

また個別株の場合、一銘柄しか持っていないと、その会社が倒産すると株式は紙切れになってしまい、運用額を全て失う可能性があります。対して投資信託は小口のお金を集めて大きな資金としてまとめ、一つの商品で複数の資産に分散投資をするので、おのずとリスクを軽減することができます。

例えば１００社の株がパックになったAという投資信託であれば、その中の一社が倒産しても運用先の１００分の１、つまり１%が減るだけです。単純に１%資産が減るということではありませんが、個別株と違って資金がゼロになることはほぼ考えられません。資産運用の基本である分散投資が手軽にできるのは、投資信託ならではの特徴です。さらに個人ではハードルの高い海外の株式・債券や、特殊な金融商品も運用可能です。

かつ、投資信託の運用を担当するのは、経済や金融に精通した専門家です。原則として、取引価格である基準価額は毎日公表されるので値動きが分かりやすく、決算ごとに監査法人などによる監査もあるので、透明性も担保されています。

例えば、キャピタルグループが運用する「キャピタル世界株式ファンド」は、世界各国の株式などへ分散投資をすることで中長期的な成長を目指すファンドです。２００７年10月から運用が始まり、リーマンショック後の２００９年3月には設定来安値の３７６６円を付けましたが、その後は順調に成長し続け、２０２４年5月下旬には３万８６６８円を超えています。償還日はなく分配金を出さない商品なので、投資で得た利益を複利で運用するのも特徴です。

同ファンドは３００社弱の会社で運用をしていて、国別では6割近くを北米企業が占めています。他にも欧州、日本、アジア、太平洋の企業にも投資しています。

業種別では情報技術、ヘルスケア、一般消費財・サービス、資本財・サービス、金融が上位を占めています（２０２4年3月時点）。こういった運用状況は運用会社から発表される目論見書で確かめることができます。

公的年金もお金の置き場所の一つ。「繰り下げ」をうまく活用！

前章でも取り上げた公的年金は、国が用意したお金の置き場所の一つですが、うまく活用することで受給額を増やすことができます。それが「繰り下げ受給」です。

公的年金制度のうち、老齢年金は原則65歳から受け取りますが、早く受け取りたい人は最大60歳まで一ヵ月単位で繰り上げることができ、反対に遅らせてもよい人は66歳以降、最大75歳まで一ヵ月単位で繰り下げることもできます（１９５２年４月１日以前生まれの人は70歳まで）。

ポイントは繰り上げる場合は早く受け取る分、一ヵ月につき０・４％または０・５％減額となり、繰り下げる場合は遅くもらう分、一ヵ月につき０・７％増額されることです。

例えば、１９６２年４月２日以降に生まれた方が、65歳から年額60万円（月額５万円）の老齢基礎年金を受け取れるとして、繰り上げると年金額は以下のように減額します。

【60歳０ヵ月へ繰上げ】
減額率は24・０％（受取りは76・０％） 年金額は45・６万円（月額３・８万円）

【63歳０ヵ月へ繰上げ】
減額率は９・６％（受取りは90・４％） 年金額は54・２万円（月額４・５万円）

一方、2022年4月以降に70歳を迎える方（1952年4月2日以降生まれ）からは、繰り下げ受給による年金開始時期の選択が70歳から75歳に拡大され、先ほどと同じ条件の方が繰り下げ受給を選ぶと、年金額は次のようになります。

【66歳0ヵ月へ繰下げ】
増額率は8・4％　年金額は65・4万円（月額5・42万円）
【70歳0ヵ月へ繰下げ】
増額率は42・0％　年金額は85・2万円（月額7・1万円）
【75歳0ヵ月へ繰下げ】
増額率は84・0％　年金額は110・

繰り上げ受給の場合（減額率）

（単位：％）

請求時の年齢	0ヵ月	1ヵ月	2ヵ月	3ヵ月	4ヵ月	5ヵ月	6ヵ月	7ヵ月	8ヵ月	9ヵ月	10ヵ月	11ヵ月
60歳	24.0	23.6	23.2	22.8	22.4	22.0	21.6	21.2	20.8	20.4	20.0	19.6
61歳	19.2	18.8	18.4	18.0	17.6	17.2	16.8	16.4	16.0	15.6	15.2	14.8
62歳	14.4	14.0	13.6	13.2	12.8	12.4	12.0	11.6	11.2	10.8	10.4	10.0
63歳	9.6	9.2	8.8	8.4	8.0	7.6	7.2	6.8	6.4	6.0	5.6	5.2
64歳	4.8	4.4	4.0	3.6	3.2	2.8	2.4	2.0	1.6	1.2	0.8	0.4

出所：バリューアドバイザーズ作成

４万円（月額９・２万円）

ここで驚くべきは、65歳から66歳に一年受給開始時期を遅らせるだけで８・４％、10年遅らせると84％も年金額が増えることです。一般的な金融商品では実現できないパフォーマンスがあり、手持ちの資産や健康に自信があるなら、繰り下げ受給を検討する余地はおおいにあるでしょう。

繰り下げは最初からいつまでとは決めなくてよいので、余裕があるうちは繰り下げる方で良いと思います。

繰り下げをしておいて、繰り下げ期間中は債券（社債）を活用し、その利息を受け取りながら生活するという手もあります。

預貯金だけだと資産は減るばかりで不安が募りますが、投資信託などで運用や債券の利息を生活費に回すならストレスがなく、我慢を強いられることもないでしょう。

「繰り下げで後悔するのはあの世、繰り上げで後悔するのはこの世」という言葉もあるので、年金受け取り時のシミュレーションは必要です。

繰り下げ受給の場合
（71歳以降は2022年4月実施の改正後）

繰り下げ時期	増額率	年金額	月額	65歳から受給するより多く受給できる期間
66歳0ヵ月	8.4%	208.128万円	17.344万円	77歳11ヵ月以降
67歳0ヵ月	16.8%	224.256万円	18.688万円	78歳11ヵ月以降
68歳0ヵ月	25.2%	240.384万円	20.032万円	79歳11ヵ月以降
69歳0ヵ月	33.6%	256.512万円	21.376万円	80歳11ヵ月以降
70歳0ヵ月	42.0%	272.64万円	22.72万円	81歳11ヵ月以降
71歳0ヵ月	50.4%	288.768万円	24.064万円	82歳11ヵ月以降
72歳0ヵ月	58.8%	304.896万円	25.408万円	83歳11ヵ月以降
73歳0ヵ月	67.2%	321.024万円	26.752万円	84歳11ヵ月以降
74歳0ヵ月	75.6%	337.152万円	28.096万円	85歳11ヵ月以降
75歳0ヵ月	84.0%	353.28万円	29.44万円	86歳11ヵ月以降

出所：バリューアドバイザーズ作成

ゴールベース運用における「アセットアロケーション」とは？

ゴールベース運用ではさまざまな資産を組み合わせて運用を行いますが、どのような割合で組み合わせるのか、そのヒントとして「アセットアロケーション」の考え方を紹介します。

運用の世界では「国内株式」「海外株式」「国内債券」「外国債券」など、資産特性に応じた区分があり、その配分を決めることを「アセットアロケーション」と呼びます。例えば欧米のＩＦＡの場合、株式と債券で運用する投資信託でのアセットアロケーションを組むのが一般的です。

第2章で紹介した年金資金を運用する日本の「ＧＰＩＦ（年金積立管理運用独立行政法人）」や、米国の「ＣａｌＰＥＲＳ（カリフォルニア州職員退職年金基金）」といった、巨額の年金資金を運用する機関も同様で、定めたアセットアロケーションのもと資金を運用しています。

どういった資産配分がいいのかは、次のように年齢に応じて変わります。

▼①現役時代

➡攻めの資産運用として、株式型の投資信託を中心に「資産形成」を行う

▼②50〜70歳まで

➡株式型の投資信託だけではなく、徐々に守りの資産である債券の割合を増やし分散しながら「資産運用」を行う

▼③70歳以降

➡セカンドライフを充実させるために運用資産を取り崩しするのか、次の世代に残すために運用することを定期的に確認しながら、アセットアロケーションを決めて運用する

年代によって攻めと守りのバランスや、お金の投じ方が変わります。

① 現役時代は保有資産が少ない一方、毎月の給与が入るという強みがあります。これを活かして積立投資をメインにした上で、可能な範囲の額で株式投資信託を一括で買い、長期運用、分散投資することができます。

他方、二〜三年以内に使うお金や生活資金などは現預金にしておくなど、お金の色分けをはっきりさせておきましょう。またこの世代は自分自身への投資を行うことが効率的で

資産配分は年齢に応じて変わる

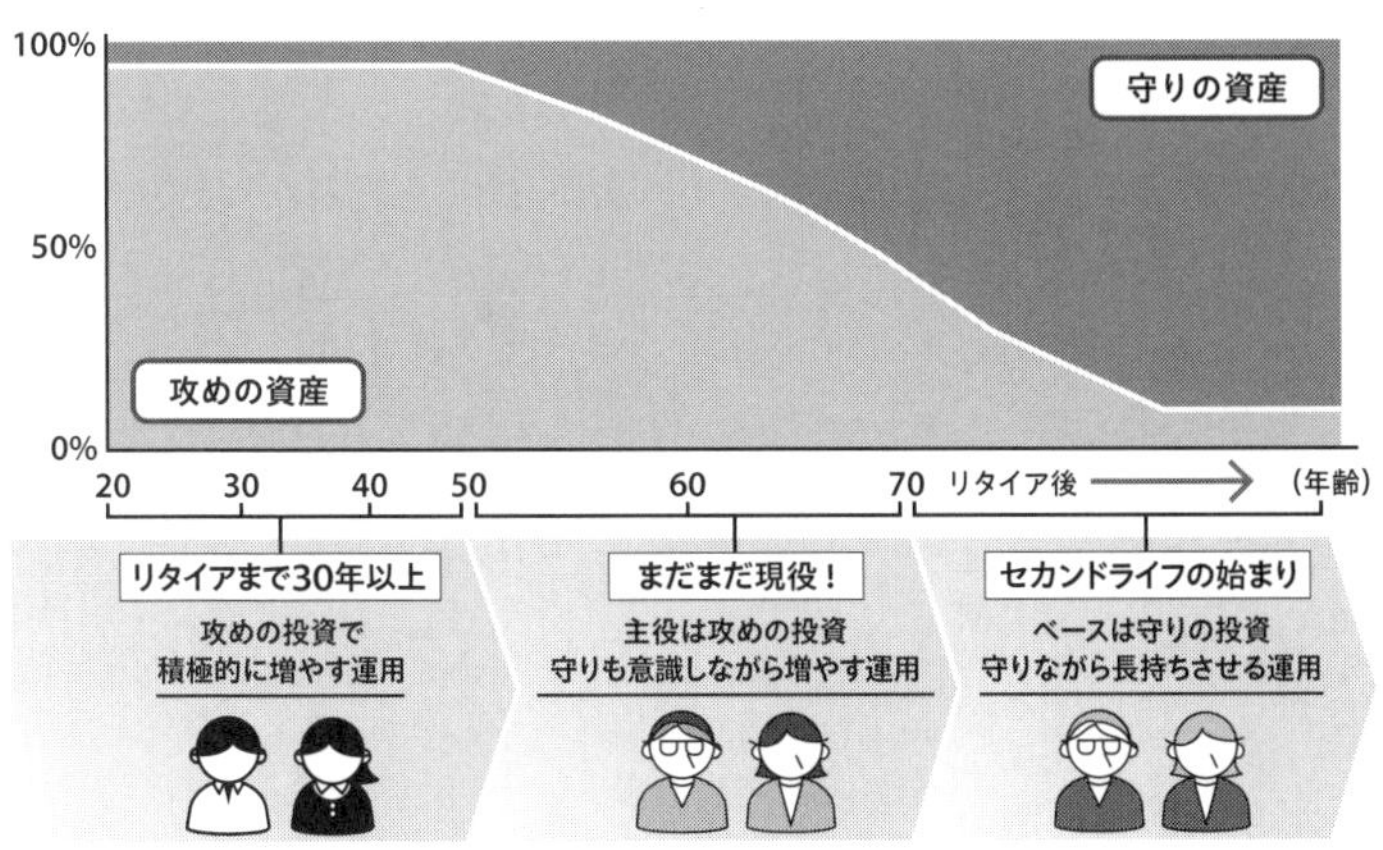

出所：バリューアドバイザーズ作成

す。稼ぐ力を強化するため自己研鑽にお金を使うことも検討できる年代です。

②50~70歳であれば、徐々に債券などリスクを抑えた運用先の割合を増やしていきましょう。それなりの資産がある場合は、株式型の投資信託で運用するのに加えて一括で債券を買うことも一つの手です。

あと何年働けそうか。健康状態はどうか。お子様の進学は決まっているかなど、個々の状況でリスク許容範囲は変わります。

③70歳を迎える頃には、ご自身のために資産を全部使っていくのか、次の世代に資産を残していくのかを考え始めます。

セカンドライフの生活を楽しむため、また利息収入を増やすために債券の割合を増やしたり、投資信託を相場に関係なく定期売却していきます。ちなみに弊社がパートナーシップを結んでいる楽天証券では投資信託の定期売却設定ができます。

一方で、次世代に資産を残すことを考える方は次世代に投資信託として資産を継承することもできるので、複利で資産を増やすプランを中心に検討してみても

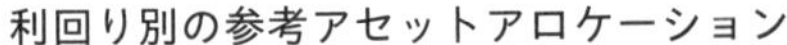

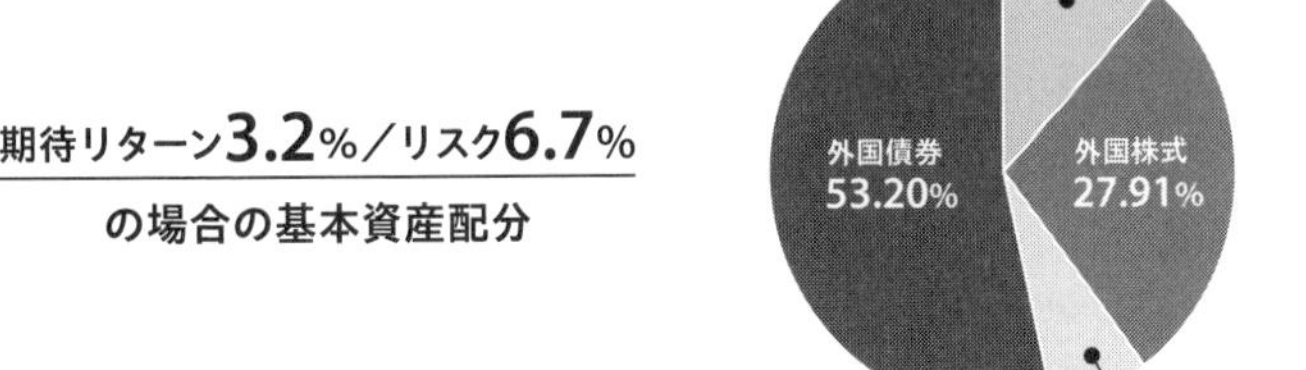

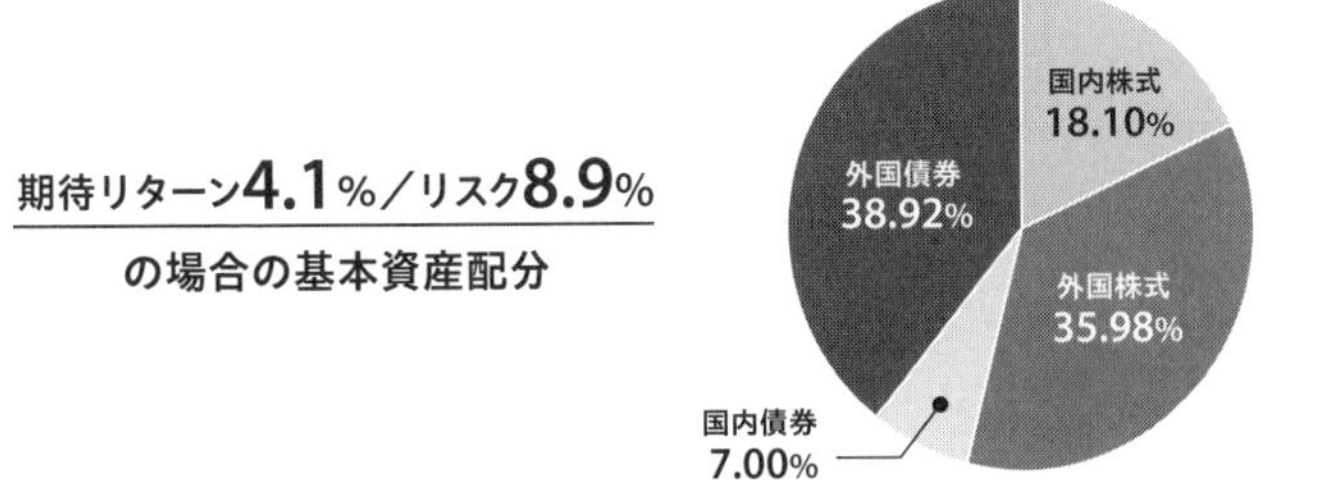

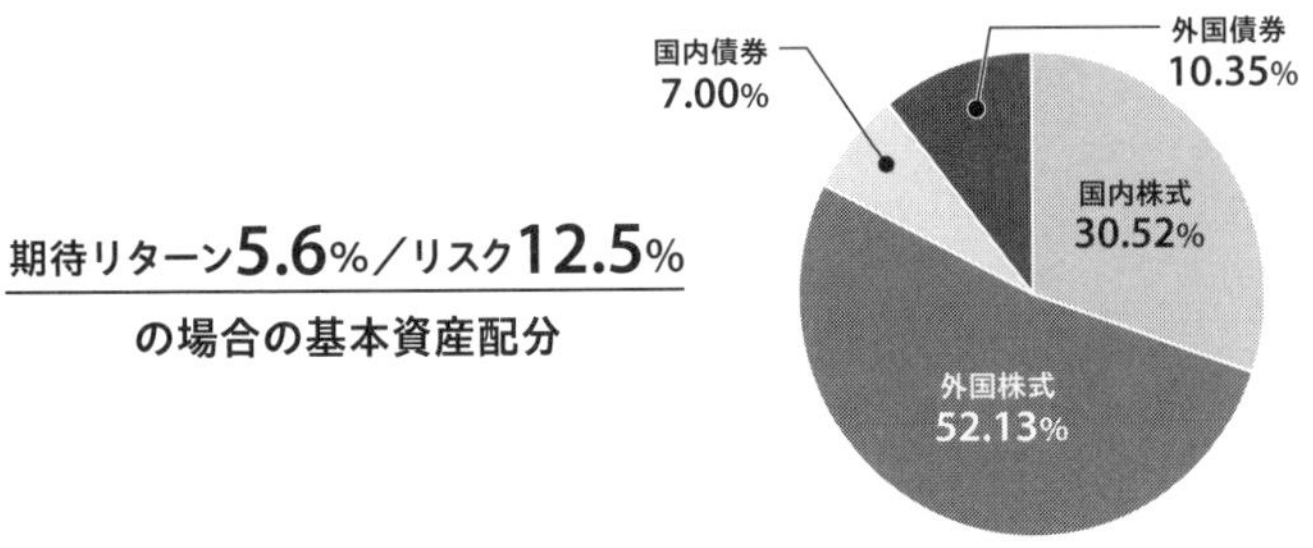

（注）上記は、過去の実績であり、将来の資産配分等を示唆・保証するものではありません。
基本資産配分は市場動向等により変動します。

出所：バリューアドバイザーズ作成

よいでしょう。

このように年齢や目的によって戦略を変えることも資産運用を長続きさせるコツです。アセットアロケーションを考えないと理想とする利回りは手に入らず、目標とする資産運用が実現できません。

当然ながらアセットアロケーションごとで運用実績は異なり、株の配分が多ければ多いほど、振れ幅は大きくなりますが、リターンは期待できます。

前ページの図のように、ゴールベース運用とアセットアロケーションはセットで考える必要があり、アセットアロケーションを決めることで目標に辿り着くことができます。

どのような投資信託を選べばよいか？

ゴールベース運用では投資信託の活用を推奨していますが、実際にはどういった商品を選べばよいのでしょうか。ここではその基本についてアドバイスします。

投資信託には日経平均株価やNYダウなど、各種指数に連動する運用成果を目指す「インデックス型」と、ファンドマネージャーが運用対象を選び、インデックスを超える運用成果を目指す「アクティブ型」に分かれます。

そもそもどちらが良いという論争の必要はありませんが、どちらもメリット、デメリットがあるので、ご自身の考え方に合った選択をしてください。

一般的に、インデックス型は運用の仕組みがシンプルなので、購入時や保有時のコストが安く、アクティブ型は運用に手間がかかるのでコストが高くなります。

よくある資産運用の指南書では、低コストのインデックスファンドがお勧めで、高コストのアクティブファンドは持つべきではない、という論調が目立ちます。

実際、アクティブファンドの運用成績はインデックスファンドに劣るものが多く、アクティブファンドの8割はインデックスファンド以下のパフォーマンスしか上げていません。高いコストを払っているにもかかわらずパフォーマンスもインデックスファンドに敵わないとなれば、確かに買う意味がありません。ですから無難にインデックスファンドを選ぶのも一つです。

ただし、先ほど挙げたキャピタル世界株式ファンドのように、高いパフォーマンスを実現しているアクティブファンドがあることも事実ですから、インデックスファンドに勝っている二割の商品を見つけて買うことは決して悪い戦略ではありません。コスト以上の運用成績を実現しているのなら全く問題はないのです。

大切なのは、運用成績の悪いアクティブファンドではなく、運用成績の良いアクティブファンドを選べるかどうかです。

私自身のチェックポイントは「5年以上の期間で運用実績を出しているかどうか」と「純資産残高が継続的に増えているのか」そして「カリスマファンドマ

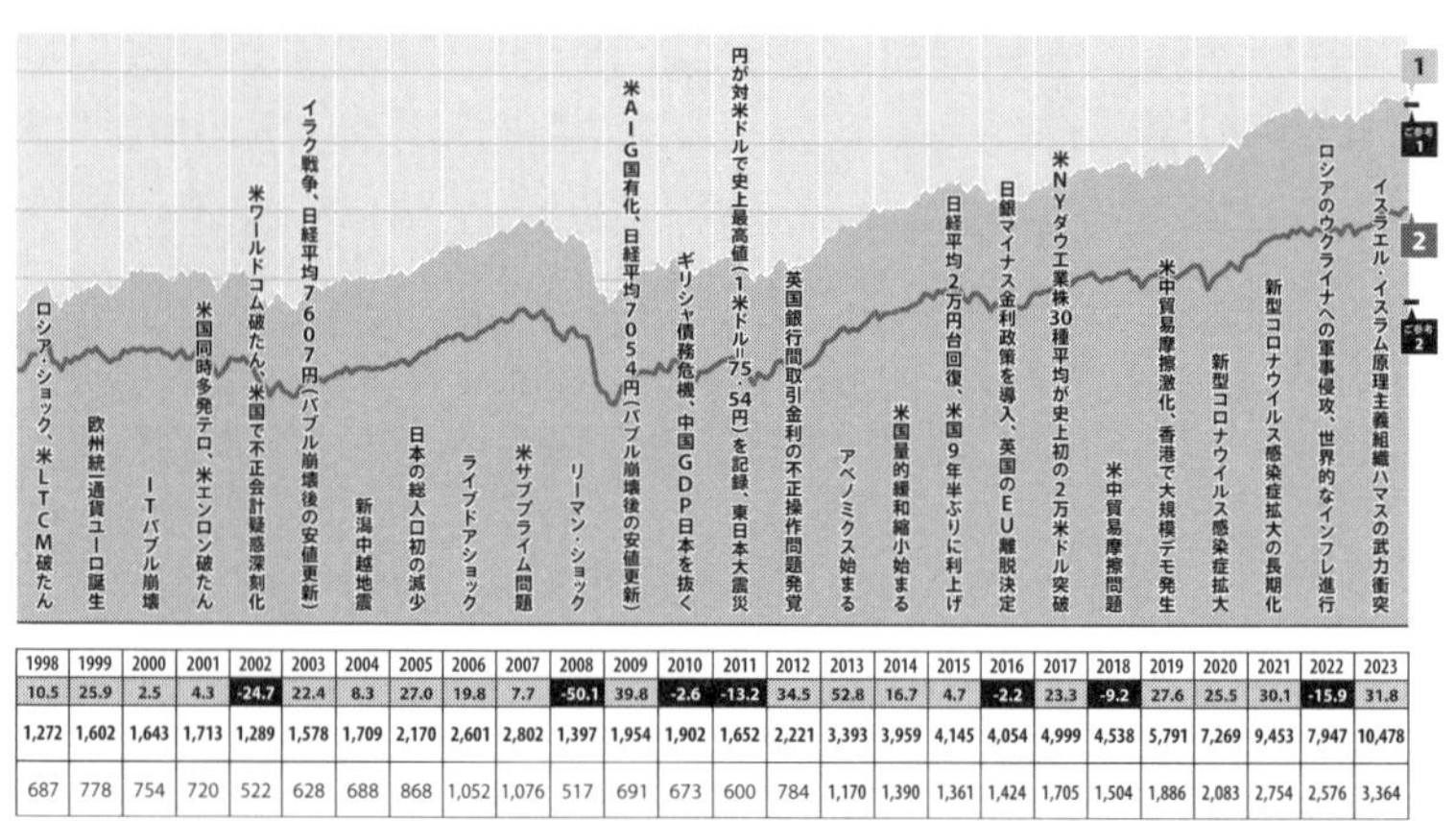

1998	1999	2000	2001	2002	2003	2004	2005	2006	2007	2008	2009	2010
10.5	25.9	2.5	4.3	-24.7	22.4	8.3	27.0	19.8	7.7	-50.1	39.8	-2.6
1,272	1,602	1,643	1,713	1,289	1,578	1,709	2,170	2,601	2,802	1,397	1,954	1,902
687	778	754	720	522	628	688	868	1,052	1,076	517	691	673

2011	2012	2013	2014	2015	2016	2017	2018	2019	2020	2021	2022	2023
-13.2	34.5	52.8	16.7	4.7	-2.2	23.3	-9.2	27.6	25.5	30.1	-15.9	31.8
1,652	2,221	3,393	3,959	4,145	4,054	4,999	4,538	5,791	7,269	9,453	7,947	10,478
600	784	1,170	1,390	1,361	1,424	1,705	1,504	1,886	2,083	2,754	2,576	3,364

ネージャーが運用するファンドは避ける」の三点です。

三点目に関しては、そのファンドマネージャーが退職してしまったり、運用理論が通じなくなると成績が急降下する恐れがあるからです。チーム体制で運用していると、そういった心配は基本的に不要です。

5年以上の運用期間の実績や投資信託の運用実績評価は、楽天証券やモーニングスターというサイトで確認することができます。

よくあるのは、インデックスファンドが低リスクでアクティブファンドが高リスクという誤解です。世界株式で運用す

アクティブファンドとインデックスファンドの比較例と
全世界株式に100万円を投資した場合の試算（円ベース）

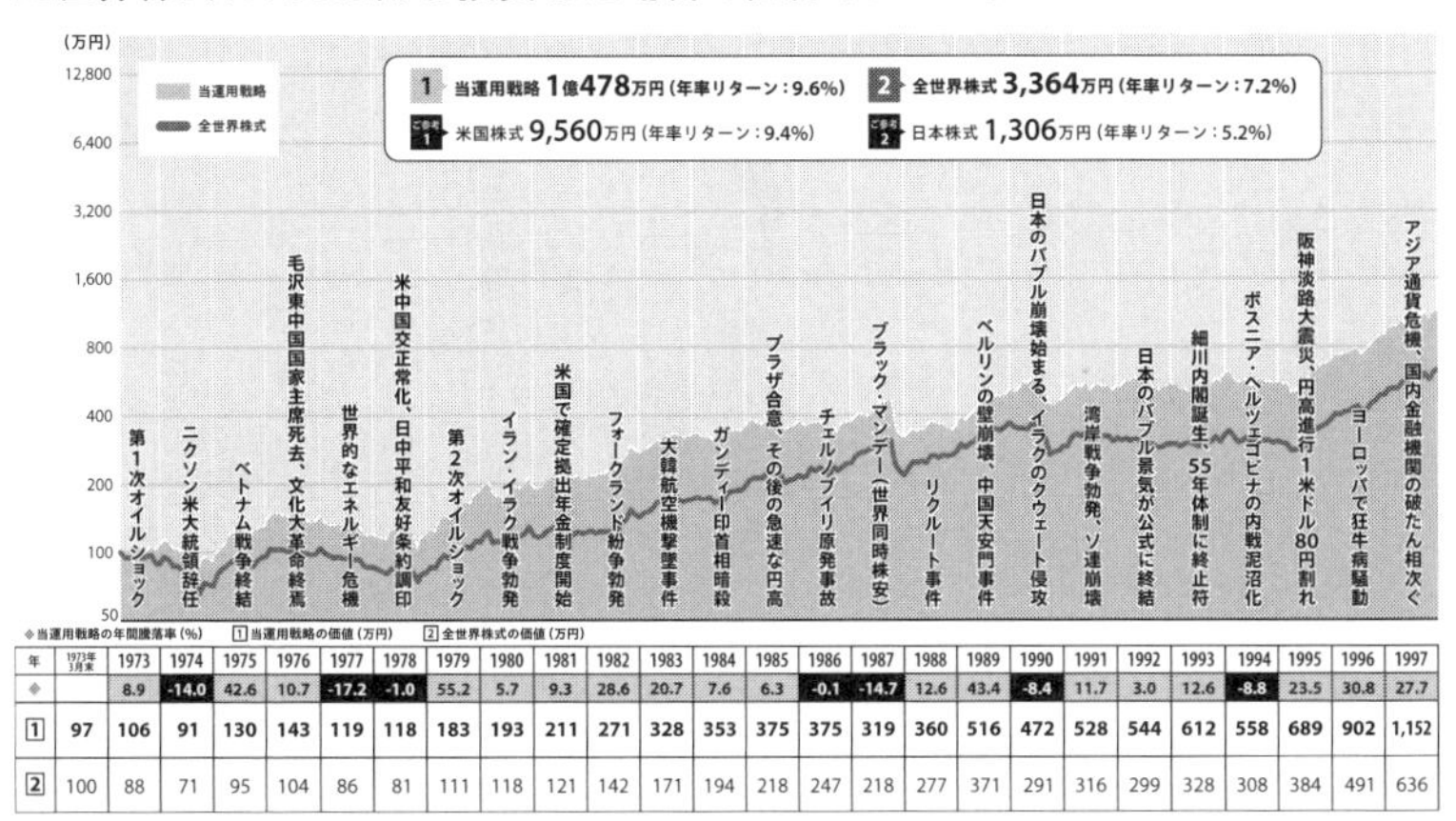

年	1973年3月末	1973	1974	1975	1976	1977	1978	1979	1980	1981	1982	1983	1984	1985	1986	1987	1988	1989	1990	1991	1992	1993	1994	1995	1996	1997
◆		8.9	-14.0	42.6	10.7	-17.2	-1.0	55.2	5.7	9.3	28.6	20.7	7.6	6.3	-0.1	-14.7	12.6	43.4	-8.4	11.7	3.0	12.6	-8.8	23.5	30.8	27.7
1	97	106	91	130	143	119	118	183	193	211	271	328	353	375	375	319	360	516	472	528	544	612	558	689	902	1,152
2	100	88	71	95	104	86	81	111	118	121	142	171	194	218	247	218	277	371	291	316	299	328	308	384	491	636

出所：「キャピタル世界株式ファンド」を基にバリューアドバイザーズ作成

るインデックスファンドもアクティブファンドも、世界の株式市場が下がれば同じように下がりますし、世界の株式市場が上がれば上がります。

あくまで市場の平均に連動するように作られているのがインデックスファンド、その平均を超える運用を目指すのがアクティブファンドです。リスクに大きな差はありません。

また、世界的インフレが進行することによって企業の優勝劣敗が明確になり、業績が伸びる企業と伸びない企業の両方を組み入れるインデックスファンドよりも、業績を伸ばす企業のみ分析して組み入れるアクティブファンドの差が今後は加速するという考え方もあります。つまり、ただコストが安いだけで選択するのは安易な考えだといえます。

株式型投資信託の選び方

株式を対象にした商品でも、国内、先進国、新興国、これらのミックスがありますが、全世界が対象の投資信託を弊社は推奨しています。先述したように、全世界のＧＤＰは上昇すると予想されていますから、その流れに乗るものを選択するのが自然な流れです。

どこか一ヵ国、例えばベトナム株でのみ運用をして、もしその国の株価が伸びなかったら、せっかく資産運用をしていても残念な結果になってしまいます。これが二、三ヵ国に増えたとしてもあまり分散効果は得られません。しかし全世界で運用すれば世界中の経済成長、つまりＧＤＰの伸びにそって株価の上昇が見込めます。

残念ながら、日本のＧＤＰは５００兆円くらいから横ばいで、少子高齢化や人口減少の影響も深刻であるため、今後の伸びは期待できません。日本に住んでいるから応援したい気持ちは分かりますが、日本株だけで資産運用するのは目標達成できない可能性があり、基本的には全世界株式などの投資信託で運用することをお勧めします。

世界経済をけん引する米国株式だけでよいのではないかという意見も聞きますが、大切な資金を米国のみのリスクに晒す必要はありません。

確率としては米国が今後も世界の経済成長をけん引する市場となる可能性は高いです。しかし過去の株式市場を振り返ると、米国株が長く伸び悩んでいた時期もありました。

弊社では銘柄だけでなく国の分散も大切だと考えているので、世界中の株式をパックにしている全世界株式を中心にした運用を推奨しています。

インデックスファンドかアクティブファンドのどちらかを個人の判断で選ぶとしたら、前者にしておくのが無難です。先にお伝えしましたが、アクティブファンドの約8割は成績が悪く、インデックスファンド運用を下回る確率が高いからです。強いて言うなら、ご自身にプロ並みの目利き力があったり、身近に運用のアドバイザーがいたりするのであれば優秀なアクティブファンドを選んでもいいかもしれません。

「アクティブファンドはコストが高い」と言われますが、それ以上のパフォーマンスが出ているなら全く問題はありません。

なぜなら投資家の目的はコストを安くすることではなくて、運用成果を得てご自身の運用目的を達成する方が大事だからです。

10年以上積み立てる時間があるなら、全世界株に加えて日本株を検討してもいいでしょう。ただし皆さんが知っているような大きな会社ではなく、中小型株を対象とした投資信託を活用すると高いリターンが期待できます。

中小型株とは上場しているけれど中規模や小規模の会社の株です。大型株は業績が安定しているので値動きも激しくない点が魅力的ですが、急激な上昇は期待できません。

対して中小型株は順調に成長すると大幅な株価上昇が期待できます。ただし変動幅が大きいので、資産形成期の方やそれなりのリスクが許容できる方のみに向いた商品です。

ただし、こうした商品の一括購入はお勧めしません。中小型株は大きな上昇を見込む一方で、大きな下落をする時期もあるからです。一括で買った後に大幅な下落があると目も当てられません。

ドルコスト平均法のイメージ

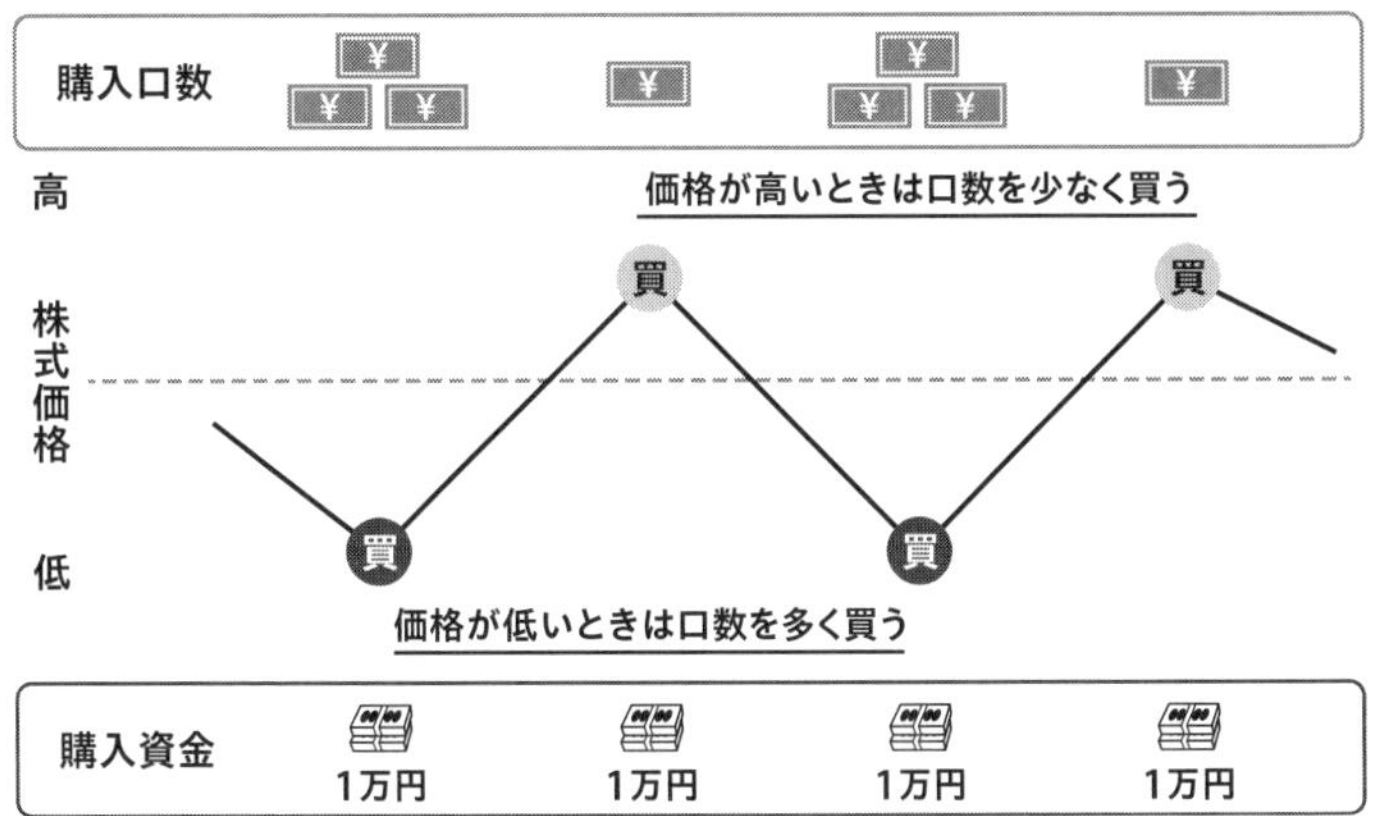

出所：バリューアドバイザーズ作成

積立投資なら大きく下がったとしても毎月定額で買い付けるので、前ページの図のように安い時は多くの口数を買うことができ、購入平均単価を下げて利益が出やすくなる「ドルコスト平均法」が実現します。

債券型投資信託の選び方

債券が対象の投資信託ですが、日本国債の債券投資は運用リスクを抑えることはできてもほとんど利息が出ません。資産運用をしたはずなのにリターンがないという、あってはならない事態に陥る可能性があります。

例えば「ダイワ日本国債ファンド」は、資産運用額が800億程の人気の投資信託です。日本国債に利息がある程度ついていた時期は安定運用ができる投資信託でしたが、現状は日本の金融政策の影響もあり、最終的な利回りが0・7%程度となっています(2024年4月末時点)。

さらに0・77%の管理費用がかかるので、実質は持っているとマイナスです。

相続対策には有効！非課税枠、遺留分対策、受取人指定で優位性がある生命保険

これまで本書では、貯蓄型保険全般に対して少しネガティブな意見を述べてきましたが、その存在自体を否定しているわけではありません。「保障は保険」の考えにのっとれば、万が一の時には大きな死亡保障や長期入院に対する医療保障で助かりますし、実際にその有り難さを痛感した経験をお持ちの方も多いでしょう。

生命保険は相続時にも力を発揮します。具体的に5つご紹介させていただきます。相続税対策や遺産分割対策など事前に対応しておきたい方は必見です。

▼1．換金性

死亡保険金は受取人の指定口座に入金されスムーズに現金化することができます。

納税資金として活用できるので、相続人は保険金の受取人になることで相続税が払えないということがなく安心です。

▼2．資産を遺したい人を指定できる

保険を契約する際、指定する死亡保険金受取人に保険金を確実に渡すことができます。逆を言えば死亡保険金をあげたくない人を受取人に指定することは避けましょう。

また、一つの保険契約の中で死亡保険金を長男50％長女50％と指定できますが、外貨建ての保険などきれいに折半できない場合は、長男長女どちらかの口座に支払う保険会社もあるので、保険契約を二本に分けることを検討するのも一つです。

▼3．生命保険金の非課税枠

相続時の死亡保険金には「500万円×法定相続人」の非課税枠があります。資産全体を把握した上で相続税がかかりそうであれば利用しない手はありません。

また、死亡保険金の受取人は配偶者ではなくお子様にしておくのも有効です。配偶者には相続時配偶者控除が存在し1億6000万円の非課税枠が存在しますが、お子

様にはありません。死亡保険金の非課税枠はお子様で利用した方が良い場合が多いと覚えておきましょう。

▼4．遺留分対策に活用

遺留分とは、亡くなった人（被相続人）の財産の一部を法定相続人に与えるための一定の権利を意味します。遺留分を求めることができるのは、配偶者やお子様など、法律で定められた一定の身分にある親族です。遺留分割合などはそれぞれの立場で変わるため割愛しますが、生命保険の死亡保険金は遺留分の対象外となります。

よく非上場オーナー企業の代表が長男に家業を継がせるときに、株式という大きな財産を長男に渡すことになり、他の兄弟と不平等な財産割合になることがあります。生命保険金の受取人を長男に指定し、その死亡保険金を他の兄弟に渡すという手法があります。

不動産という換金できない資産を長男に渡す場合も同じです。代償資金として活用できるのです。

特にこのあたりは、相続コンサルタント、税理士、弁護士、司法書士など専門家とチームを結成し、相続を「争続」にしないように事前相談、事前対応しておくことをお勧めします。

▼5．生前贈与資金を活用した保険契約

一般的には保険契約者は父、被保険者も父、死亡保険金の受取人は子という保険契約が多いでしょう。この保険契約形態の死亡保険金は一定額非課税枠が存在しますが、それを超えた死亡保険金はみなし相続財産に入り、相続税の課税対象となります。

しかし、保険契約者を子、被保険者を父、死亡保険金の受取人は子とします。この保険契約形態にすると、被保険者の父が死亡した際、死亡保険金は受取人の子の一時所得の対象となり、相続税率の負担より低い場合もあり、納税資金として活用できます。保険料は父が子に贈与することで、父の相続財産を減らすこともできます。

一概に全ての年齢の方に有効な手段とは限りませんが、資産を多く残したい方などには有効な可能性もあります。

基本的に保険料の捻出は暦年贈与を活用しますが、２０２４年から持ち戻し期間に変更があり、税理士の先生と話し合いながら決めていくことをお勧めします。

証券口座の相続はどうなるの？

相続時における生命保険の活用の有効性について綴りましたが、以降では証券口座の相続手続きについて解説します。

証券口座の相続手続きは原則、名義変更が必要です。被相続人が亡くなった時点で、売却や解約をされるということは原則ありません。ほとんどの商品は（遺言がある場合を除き）遺産分割協議を経て相続人が名義変更の手続きを取ることになります。また名義変更を行う際には、

1. 被相続人の出生から死亡までの連続した「戸籍謄本」
2. 法定相続人全員の「戸籍謄本」（原則、6ヵ月以内発行のもの）
3. 法定相続人全員の「印鑑証明書」（原則、6ヵ月以内発行のもの）
4. 証券会社所定の相続手続き書類

が必要となります。

もし「遺言書」や「遺産分割協議書」がある場合は必要書類が異なる場合もあるので、取引先の各証券会社にお問い合わせください。

証券口座の相続手続きで気をつけるべき点は、銀行口座や信用金庫口座などと違い、日々値動きのある商品が多いため、円滑に相続手続きを行わなければ、思った通りの価格（金額）で相続後に売却できない場合があります。また相続する商品もしっかり選別する必要があります。

将来的なことは誰にも分かりませんが「将来性のある商品」と「見通しの悪い商品」を前もって分析しておくことがお勧めです。例えば株式なら「テーマ性」「業績」「財務力」「株主還元」「経営者資質」などをあらかじめ調べておくと、相続後も自信を持って保有できるのではないでしょうか。

今まで株式や債券や投資信託を保有したことがない方は、いきなり相続するというのは非常に敷居が高く感じるかもしれません。もしくは証券会社の引継ぎ担当の言いなりになってしまい、過度に手数料が取られるのではないかという不安もあるかもしれません。そういう時はセカンドオピニオンとして専門家に相談するのも一つです。また事前に相続を想定して、お子様やお孫様の代まで保有してもよい投資信託を持っておくのも立派な相続対策です。

お金は経済の血液、循環させることが子どもたちの未来のためになる

お金は自分だけが持っていても意味がありません。仮にご自身のみ１００億円持っていたとしても、他の人にお金を回すことがなければ他の人は働かず、社会は成り立たず、孤立してしまうだけです。

お金は経済を回すためにあり、経済が元気になってこそ欲しいものが買えたり、やりたいことができるのです。大切なのは循環させることで、貯める、増やすだけが目的なのではなく、価値のあることにお金を使うことも考えるべきです。

そして自分が使わないお金がある場合は、資金需要が旺盛なお子様、お孫様世代に渡してほしいと考えています。

やはり50代以上に比べると、20代、30代の方々はマイホーム購入やお子様の教育費など、何かと支出があり、さまざまなことに挑戦したい世代です。

消費意欲もあり、景気を循環させるという点で彼らに自分の資産を渡し使ってもらうことも大切ではないでしょうか。そうすることでお子様だけではなくお孫様の世代まで持続可能な社会が実現していきます。

そこで積極的に活用したいのが生前贈与の制度です。ここでは制度について詳しく説明しませんが、一定の条件を満たすと控除を受けられたり贈与税が非課税になることもあります。

贈与者（お金を渡す側）からよく「生前贈与したお金がどのように使われるか気になる」「無駄遣いが増えるのではないか」といった心配の声を聞きます。

このような場合は、使うお金と今すぐ使わないお金をしっかりと分けることが大切です。今すぐ使わないお金なら、受贈者（お金を受け取る側）がＮＩＳＡ口座を活用することをお勧めします。一人ひとりの非課税上限は１８００万円ですが、家族全体で考えると相当な枠になります。

実際に運用資金としてお子様に生前贈与するお客様もいるほどで、弊社としてもご家族皆様の資産運用をサポートする「ファミリー口座」のサービスを提供しています。

弊社では50代以上の方が本格的に資産運用を始める際に、お子様の金銭的な自立についてもアドバイスします。「そこまで口を出すの？」と思われるかもしれませんが、成人したお子様がいるなら最低でも親と同程度の金融リテラシーを身につけて資産運用を実践した方が、親のすねかじりになるリスクを抑えられます。

反対に金銭面で頼ったままだと、親のセカンドライフに狂いが生じる恐れがあります。経済的に自立していると想定外の援助は不要になり、プランに沿った運用が可能です。そうした意図もありファミリー口座の開設を積極的にお勧めしています。

残りの人生を輝かせる！エンディングノートを家族で書く習慣を作る

円滑な相続を実現する、後悔のない人生を送るという意味で、ご家族の皆様でエンディングノートをつけるようお勧めしています。

エンディングノートとは、自分や家族の終末期や死後の手続き、遺言や最後の意思を記録するための文書です。個人の価値観や遺したいメッセージ、財産の分配、葬儀や埋葬に関する希望など、死後に関わる重要な事項をまとめたり、遺言書の補完として利用されることがあり、次のような役割を担います。

▼個人情報

名前や住所、生年月日、血液型などの基本的な個人情報を記載します。家族や親しい友人の連絡先や関係性も記すことで、万が一の際に遺族が連絡を取ることができます。

▼遺言や意思の記載

財産の分配や遺したいメッセージ、最後の意思などを記載します。感謝の気持ちなどをしたためる人も多いようです。

▼葬儀や埋葬に関する希望

葬儀の形式や希望する場所、埋葬方法、墓石や追悼の形式、参列者へのメッセージなど、自分の最後の希望に関する情報を記載します。

▼重要書類やアカウント情報

遺言書や保険証券、銀行口座や投資口座、オンラインアカウントの情報など、死後に関連する重要な書類やアカウント情報をまとめます。

▼医療や治療に関する希望

末期の医療や治療に関する希望や意向、延命措置や緩和ケアに関する意思などを記載します。

▼思い出やエピソード

自分の人生や家族、友人との思い出やエピソード、特別な意味を持つ場所や物、愛するペットへのメッセージなど、思い出を残すためのスペースを設けることもあります。

エンディングノートは、自分の最後の意思を明確に伝えるだけでなく、ご家族や関係者が遺産整理や葬儀の手続きをスムーズに行うためのガイドとしても役立ちます。法的な効力が認められるものではないため遺言書と合わせて作成し、ご家族や信頼できる法律専門家との相談を通じて、遺言や意思をしっかりと記録・整理することが重要です。

日本人は遺言書作成やエンディングノートを記す習慣が根付いていませんが、自分の意思を示したり、ご家族に迷惑をかけないためにも残しておくことは重要です。

私たちが相続を学んでいる一橋香織先生の書籍『終活・相続の便利帖』(日本法令)をぜひご参考ください。

コラム

変額保険VS投資信託

今、保険募集人が一番販売したい保険商品は変額保険ではないでしょうか。理由は単純で、手数料が多くもらえる可能性があるからでしょう。

弊社では積極的に販売はしていませんが、取り扱っているため商品内容や手数料体系は熟知しています。死亡保障を確保しながら資産運用もできるという金融商品ですが、死亡保障と資産運用は分けた方が良いのかどうか、メディアなどでもよく比較されています。実際のところ、どちらを選ぶ方がよいのでしょうか。

まずは商品の簡単な説明ですが、変額保険は一般的な生命保険とは異なり、運用結果によって保険金や解約返戻金が変動する商品です。保険金には一定の保証がありますが解約返戻金には元本保証がありません。契約時に国内外の株式や債券などから運用対象を選び、パフォーマンスが良ければ解約返戻金が増え、反対にパフォーマンスが悪ければ解約返戻金が減ることもあります。ただし死亡保険金の最低保証は定められているので、万が一の際に保険金がゼロになることはありません。

また、一般的な生命保険は受け取る死亡保険金が決まっています。そのため受取時に物価が上がっていると相対的にお金の価値は下がるので、インフレ対策になりません。一方で変額保険は好景気だと運用成績が良くなり、死亡保険金が増える可能性もあります。変額保険はこういった特徴があり、インフレ対策にも有効に思われがちです。

証券口座で直接購入できる投資信託は、不特定多数の投資家から集めた資金を一つにまとめ、複数の株式や債券に投資する運用商品です。銘柄選びや運用は運用会社が行い、利益は出資額に応じて投資家に分配されます。価格が日々動くので売却益が得られるケースもあります。ただし預貯金と違って元本保証はなく、市況変化や運用次第では元本を下回ったり、分配が出なかったりすることもあります。変額保険の運用先を投資信託に設定すると同じ内容になります。

このように、共に運用を目的とした変額保険と投資信託ですが、注意すべきは「コスト」です。投資信託の場合、売買時の手数料や保有時に必要な「信託報酬(運用管理費用)」が商品によって異なり、年率で0・1%~2%ほどかかります。

売却時には「信託財産留保額」という費用が発生し、０・１％〜０・３％ほど徴収されます。最近は、信託財産留保額がない商品も増えています。ただし、これらのコストは開示されているため事前に把握できるので、投資家は確認した上で売買の判断を下せます。

その一方、変額保険のコストは「非開示」です。そのため支払った保険料のうち、どれだけが保険会社の人件費などに使われ、どれだけが保障関係費用に使われ、資産運用には一体どれだけの金額が回されているのか、資金の割合が不透明です。

ちなみに某保険会社の変額保険の場合、契約金額の年間保険料の１００％近くのコミッションが保険募集人に支払われるものもあるとのことです。運用商品としてのコストパフォーマンスが優れているとは、決して言い難いのではないでしょうか。

変額保険の設計書の運用実績が０％の部分を見れば、およそどれくらいのコストが引かれているかが大体分かります。実際には日々市場が動くため０％運用などあり得ないのですが、仮に１００万円を10年間０％で運用すると１００万円が返ってきます。返ってこないのであればそれがコストになっているということです。
ご自身で証券口座を使い投資信託を購入した方が、コストが抑えられるのは一目瞭然です。２０２４年からは新ＮＩＳＡがスタートし、受取時の利益に対して証券口座は非課税となりました。保険契約で増やしたお金は一時所得として一定範囲を超えると課税対象となります。死亡保障は掛け捨て型保険で確保し、新ＮＩＳＡ口座で資産運用をした方が賢明でしょう。

消費者は金融リテラシーを高めることが重要です。「保障は保険」「運用は証券」の原則になぞらえると、万が一の保障は掛け捨て型の生命保険で確保することを考えてもいいでしょう。

証券口座をどうしても開設したくない方であれば変額保険で資産運用をしてみるのも一つですが、運用部分を切り出し、コストは明確で、投じた資金の多くを運用に回す投資信託を活用すべきというのが私たちの考えです。

最近、各保険会社は死亡保障にレバレッジがかからない、変額個人年金の取り扱いを開始しています。こちらの保険のコストは非常に低く、運用成績が良いものもあり、ＮＩＳＡの１８００万円の生涯投資枠を超える可能性がある投資家の皆様は活用するのもありでしょう。

詳しくは、以下に掲載のＹｏｕＴｕｂｅで変額保険と投資信託について分かりやすく説明されています。また、２０２４年5月25日の日経新聞の朝刊でも「変額保険、コスト負担重く」とのタイトルで詳しく掲載されています。

【大人のためのFP教室】
教えて！ にぐ先生！
YouTube チャンネル

脱・税理士スガワラくん
YouTube 動画

第4章

保険で失敗しないためのケーススタディ

本章では、弊社のアドバイスを通じて加入していた保険を見直し、コア投資を中心とした資産運用を実践した方のケーススタディを紹介します。

セカンドライフを豊かに過ごすための資金作り、相続対策など、ご相談者様が直面する課題はさまざまですが、アドバイザーが向き合った上でプランを提示し、解消に取り組んだ事例で、現在も引き続きサポートをさせていただいております。なお、お客様のプライバシー保護の観点から全て仮名とし、事例内容にも多少のアレンジを加えています。

読者の方々が抱くお悩みに近い事例もあるかと思うので、ぜひご参考ください。

ケース① 三人のお子様の教育資金確保とご夫婦二人でのセカンドライフ資金確保の両立

ケース② 死亡保険金（保障）の必要性の確認、個人金融資産・法人金融資産の有効活用、退職後は理想のセカンドライフを実現したい

ケース③　保険契約時の担当者不在の不安解消とお子様への金融資産の継承方法の相談

ケース④　ご子息への二次相続対策と一人での生活費用捻出の相談

ケース⑤　収入が上がるにつれて増やしてきた保険契約を確認し、資産運用を基礎から教えてほしい

ケース⑥　仕事は充実しているが、ご家族との時間も確保し、理想のライフスタイルを実現できるかシミュレーションしたい

ケース①

三人のお子様の教育資金確保とご夫婦二人でのセカンドライフ資金確保の両立

相談者プロフィール

山本昭さん（51歳）　会社役員（年収1200万円）

◇ご家族

配偶者（49歳）　専業主婦
長女（17歳）　高校生
次女（14歳）　中学生
三女（10歳）　小学生

相談前の資産構成

普通預金・定期預金　……　１５００万円
生命保険（２００６年契約）……　月払保険料10万円　死亡保険金５０００万円
契約本数５本
学資保険３本、円建て終身死亡保険、収入保障保険　……　解約返戻金約１４００万円
不動産　……　住宅ローン毎月20万円返済、残り期間20年

◆山本さんのご相談内容

山本さんは会社役員で年収は１２００万円と申し分のない水準です。ご本人も十分あると思っていましたが、長女の大学進学が近づくにつれ、毎月のキャッシュフロー悪化が気になっていました。

なかでも保険料の負担が重く見直しを検討していましたが、加入時の担当者は退職していて後任者とはほとんど話したことがなく、相談をすることすら不安に感じていました。

そうした中、インターネットでＩＦＡを検索し、証券と保険の両方を分析し、金融機関から独立した立場でアドバイスができる弊社を見つけて問い合わせをいただきました。

面談時に口にされたのは、これからも続く三人のお子様の教育費の負担が心配だということです。今後は高校や大学への進学が相次ぎ、進学費や毎月の学費、さらには塾や予備校、習い事の月謝も相当な金額に上ります。これらを捻出する必要に駆られていました。

もう一つの課題は、自分にもしものことがあった時です。ご家族の生活費とお子様の教育費を確保するため、手厚い死亡保障は確保したいと考えているのと、ご夫婦のセカンドライフ資金を作るための資産運用も始めたいとのことでした。

また、山本さんのご両親が亡くなったときに遺産分割協議や納税資金確保など、相続が大変だった経験があり、一部死亡保険としても配偶者とお子様たちに遺したい思いがあったようです。

◆目指すべきゴール

- 教育資金とセカンドライフの資金確保のために、月払保険料の削減と新たなお金の置き場所をご提案
- 万が一の時のご家族の生活資金や教育資金を確保できる死亡保障と、相続時に有効な一生涯の死亡保障の確保
- セカンドライフ資金のためのコア投資の資産運用

◆弊社からの改善策

月額10万円を支払っている生命保険料のうち、掛け捨てで掛金が少なく大きな保障を得られる収入保障保険のみを残し、学資保険と終身保険は運用利回りが低いため解約。月額９万３０００円の支出削減をご提案。学資保険の解約返戻金５００万円は５年以内に使う予定のお金ということなので資産運用には回さず、そのまま長女、次女の教育資金として預金するよう勧めました。

三人のお子様のために、相続対策として円建ての終身保険（積立利率１・５％）を契約していましたが、将来のインフレリスクが心配である点と、山本さんが65歳まで保険

料を支払い続ける点が大きな機会損失のため解約。解約返戻金を一時払いの外貨建て終身保険（基準利率5・07％）に変更しました。

相談に来ていただいたタイミングの日米の金利差によって死亡保障額はそのまま変わらず、トータルで保険会社に支払う保険料を削減することができました。また、月々のキャッシュフローを改善できることが分かり、山本さんは大変喜んでいらっしゃいました。

保険契約後の保険内容に関しては第三者がチェックをしたことはなく、そんなことができるのかと驚かれていたのが印象的です。

削減した月額9万3000円の保険料は新NISAのつみたて投資枠を活用することにしました。これにより今後の教育資金、住宅ローン返済、セカンドライフ資金の準備などの見通しが立ちました。

相談後の資産構成

普通預金……２０００万円
生命保険……月払保険料７０００円　一時払保険料９００万円
　　　　　　死亡保険金５０００万円
外貨建て一時払終身死亡保険、収入保障保険……解約返戻金約９００万円
不動産……住宅ローン毎月20万円返済、残り期間20年
★証券口座……投信積立10万円（ＮＩＳＡ口座）

アドバイスの肝

50代の方はお子様の教育資金が重なる時期を迎える可能性があり、保険料という支出と死亡保障額のバランス確認のため保険の見直しが必要な可能性が高いです。また教育資金や、10年以上先となる自分たちの老後資金の確保を同時に考えなければいけないので早めに着手することが大切です。

ご自身で始めてみるのもありですが、投資初心者の方はリスク資産に投資をしすぎてしまい、〇〇ショックなどで教育資金が捻出できないリスクが生じる可能性もあり

投資シミュレーション

◉いくらになる？

毎月の積立金額	10万円
想定利回り（年率）	6%
積立期間	15年

積立結果は 2,922.7万円 になる可能性があります。

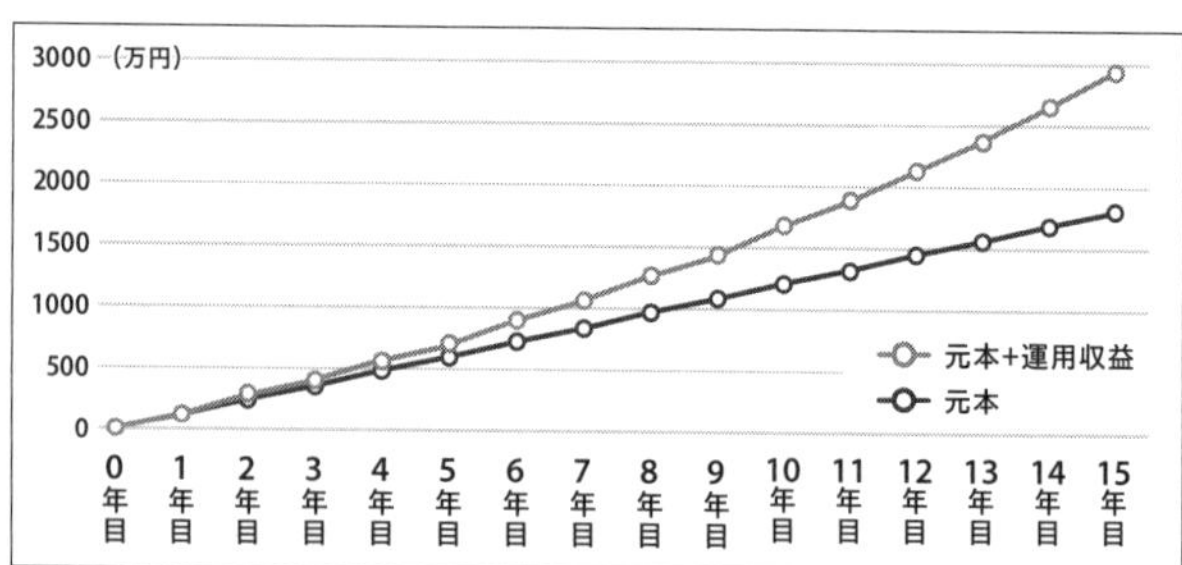

	元本	運用収益	合計（元本+運用収益）
0年目	0円	0円	0円
1年目	1, 200, 000円	39, 724円	1, 239, 724円
2年目	2, 400, 000円	155, 912円	2, 555, 912円
3年目	3, 600, 000円	353, 279円	3, 953, 279円
4年目	4, 800, 000円	636, 832円	5, 436, 832円
5年目	6, 000, 000円	1, 011, 888円	7, 011, 888円
6年目	7, 200, 000円	1, 484, 090円	8, 684, 090円
7年目	8, 400, 000円	2, 059, 430円	10, 459, 430円
8年目	9, 600, 000円	2, 744, 268円	12, 344, 268円
9年目	10, 800, 000円	3, 545, 360円	14, 345, 360円
10年目	12, 000, 000円	4, 469, 874円	16, 469, 874円
11年目	13, 200, 000円	5, 525, 424円	18, 725, 424円
12年目	14, 400, 000円	6, 720, 091円	21, 120, 091円
13年目	15, 600, 000円	8, 062, 456円	23, 662, 456円
14年目	16, 800, 000円	9, 561, 629円	26, 361, 629円
15年目	18, 000, 000円	11, 227, 281円	29, 227, 281円

出所：バリューアドバイザーズのHP資産運用電卓より作成

ます。そのため、コア・サテライトの見極めと定期的な確認が必須です。

一方、リスクを全く取らないと、インフレによる金融資産の目減りで自分の老後資金が確保できない恐れがあります。円建ての終身保険をお宝保険と思っている方が多いですが、あくまでも保険商品の中でのお宝という話なので、もっと広い視野で物事を見ると、人生１００年時代、死亡保障額のインフレリスクを考慮することも非常に重要で、今回はその話も山本さんにはお伝えしました。

50代の方は仕事で管理職や役員など重責を担うようになり、資産運用について

物価とお金の価値

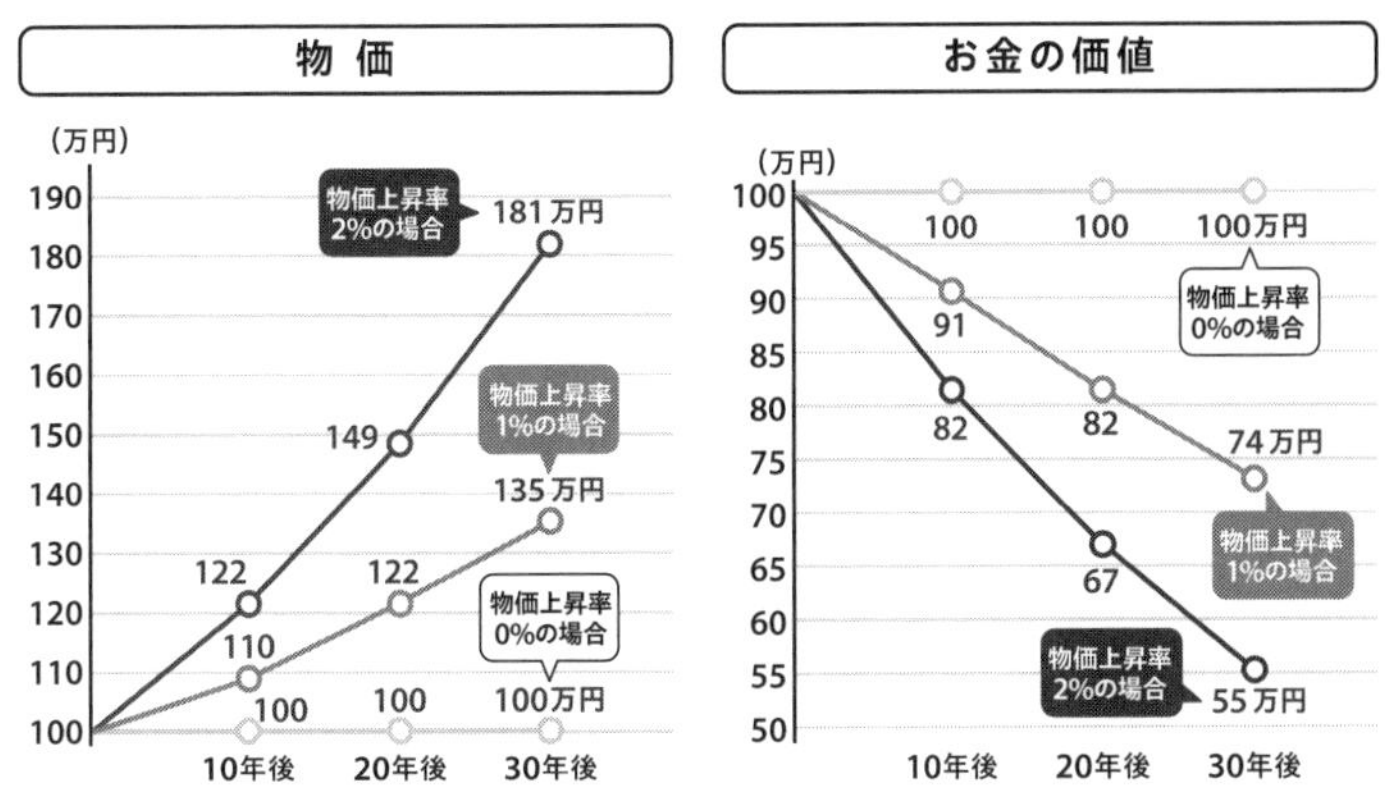

出所：「LIFEPLAN CANVAS」を基にバリューアドバイザーズ作成

考える時間も限られてくるでしょう。

山本さんは資産運用をプロに依頼することで仕事の効率向上と、ご家族での楽しい時間を過ごすことを優先させるという理由で、弊社をパートナーに選んでくださいました。

ケース②
死亡保険金（保障）の必要性の確認、個人金融資産・法人金融資産の有効活用、退職後は理想のセカンドライフを実現したい

相談者プロフィール

池田由美さん（57歳）　経営者（年収８００万円）

◇ご家族

単身者

相談前の資産構成

◇①個人資産

普通預金・定期預金……５００万円

生命保険（２００７年契約）……月払保険料20万円　死亡保険金３０００万円

契約本数５本

外貨建て終身死亡保険、個人年金保険、外貨建て養老保険

……解約返戻金約４０００万円

不動産……賃貸

その他……小規模企業共済（月額７万円）

◇②法人資産

生命保険（２０１０年契約）……月払保険料15万円　死亡保険金１億円

契約本数3本

終身医療保険、円建て長期平準定期保険、外貨建て長期平準定期保険

……解約返戻金2000万円

◆池田さんのご相談内容

前著『55歳からでも失敗しない投資のルール』を読んで、問い合わせをしてくださったのが池田さんです。事業を営む中、還暦を目前に控えて体力の衰えを感じ、仕事をセーブしていきたいものの、充実した生活を今後も続けたく、貯蓄型保険以外の金融商品で資産を安定的に増やしたいというのが相談内容でした。

今は働いているので複利運用で構いませんが、仕事を減らしたら単利に切り替えたいという希望もお持ちでした。相談できる人を探すなか、証券会社は担当者が定期的に変わるため、担当が変わらないIFAなら安心ではないかと思ったそうです。

個人と法人で複数の貯蓄型保険を契約しているのは、押しの強い営業に根負けしたからとのことでした。ところがいざ契約したものの、外貨建ての貯蓄型保険は為替の変動が大きくて、支払う保険料が契約当初の1・5倍になり大変であるという悩みも

抱えていました。

単身者であり十分な金融資産もあるので、自分に万が一のことがあっても死亡保障は必要ないのではないか、また貯蓄型保険は運用利回りが低くコストパフォーマンスに優れないのでは、という疑問もあったなか、現状が正しいかどうかの判断がつかず、セカンドオピニオンを求めていました。

◆目指すべきゴール

①個人

- 保険は保障を確保するための商品と理解していたが、解約後のソリューションが分からずに放置していたため、必要な保険と不要な保険を色分けする
- 今まで作り上げてきた金融資産を自分の趣味や楽しみなどにどう使っていくかを考え、現在と未来の希望を明確にした上で金融資産のポートフォリオを再考する

②法人

- 死亡保険の見直しは個人と同じで、必要なものと不要なものを色分けする

・退職金確保を保険以外で検討する
（インフレリスク、流動性リスク回避）

◆弊社からの改善策

個人に関しては金融資産が十分あり死亡保険金は全て不要との観点から保険は解約し、月々の保険料はＮＩＳＡ口座を活用し、投信積立に回すことをご提案。

池田さんのリスク許容範囲をヒアリングし、解約返戻金の４０００万円は投資一任サービスの利用がよいのではないかとご提案しました。

株式と債券の組み合わせで運用でき、リバランスも自動でしてくれます。

読者の皆様はご自身で手続きする場合

投資一任サービスとは

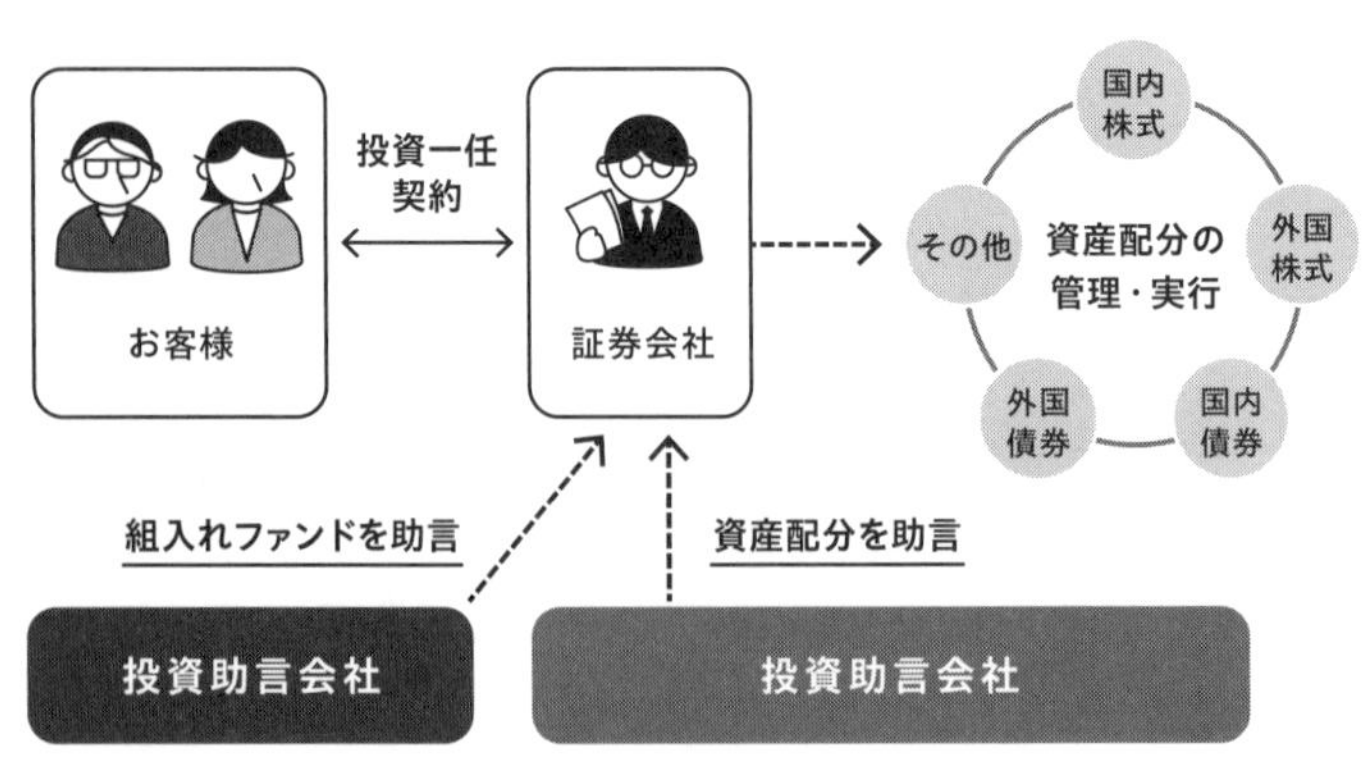

出所：楽天証券提供資料を基にバリューアドバイザーズ作成

は、投資一任サービスの代わりにバランスファンドで運用すると、類似の運用効果が期待できます。小規模企業共済はそのまま継続です。

法人で契約していた保険について、終身医療保険はご自身の体調のことがあり継続を希望されていました。

円建て長期平準定期保険はインフレリスクはありますが解約返戻金が確定していることからひとまず契約を継続させ、円安の影響を受けて当初から支払いが1・5倍になった外貨建て長期平準定期保険は解約することにしました。

保険には解約控除や低解約返戻金型商

投資信託のメリット

1 いつでも解約可能

2 減額・増額も後から可能

3 一部解約も可能

4 途中解約の際の違約金なし

5 分散されているため、0になる可能性が低い

6 幅広い資産に簡単に投資できる

出所：バリューアドバイザーズ作成

品があって流動性が低かったり、契約者貸付などの制度はありますが、自分で積み立てたお金なのに利息がかかるのは、納得がいかないところです。法人名義で楽天証券に口座を開設し、解約返戻金も使いながら、投信積立を開始。保険と違っていつでも売却できるばかりか、法人資産のインフレ対策にもなるとアドバイスしました。

このように、お金の置き場所を変えるだけで毎月の保険料負担は軽減され、投資信託の運用で得た利益を使い、旅行などを楽しむ余裕も生まれました。
また、経営者は貯蓄型保険だけでなく、法人で証券口座を開設し、投資信託で退職金を確保することも可能です。

相談後の資産構成

◇①個人資産

普通預金・定期預金……500万円
生命保険……なし（本人の意向と金融資産があるため全て解約）

不動産……賃貸
★証券口座……投信積立30万円（ＮＩＳＡ口座 保険の解約で浮いた20万円と自己資金10万円）
投資一任サービス……４０００万円
その他……小規模企業共済（月額７万円）

◇②法人資産

生命保険（２０１０年契約）……月払保険料５万円　死亡保険金３０００万円
契約本数２本
終身医療保険、円建て長期平準定期保険……解約返戻金７００万円
★証券口座……投信積立10万円

アドバイスの肝

加入している生命保険の保障内容がご自身にとって適正なのか判断がつかず解約を検討している一方で、解約後のソリューションがイメージできずにためらっている方

は多いのではないでしょうか。「今まで支払った保険料がもったいない」というサンクコスト効果という行動経済学の観点からも、自分自身で保険の解約を決断することは困難です。こういった時こそ客観的にアドバイザーに意見を仰ぐべきでしょう。

外貨建て保険の販売が2000年代初頭から始まりました。為替変動で死亡保障が増える分には問題ありませんが、問題なのは円安により月々の保険料が高騰し、昨今の物価高も併せて家庭を圧迫しているケースがあることです。

外貨資産を保有したいのであれば、証券口座で外貨を定期購入することもできます。保険会社を通さず外貨を保有することもできるので、外貨建て資産＝外貨建て保険商品で賄うという考えは、全ての人にとって正しいとは限りません。

池田さんは単身者である点もポイントでした。昨今は男性も女性も独身世帯が増えましたが、若い時に生命保険会社の保険募集人に言われるがまま保険に加入し、金融資産が潤沢にあるにもかかわらず、なんとなくそのまま加入し続けている人が多くいます。死亡保険金としてわざわざ遺す相手がいないなら、民間の保険会社の死亡保障は必要ありません。

退職金シュミレーションはゴールから逆算することも可能

◉毎月いくら積立てる？

想定利回り（年率）	6%
目標金額	5000万円
積立期間	13年

毎月 21.1万円 の積立が必要です。

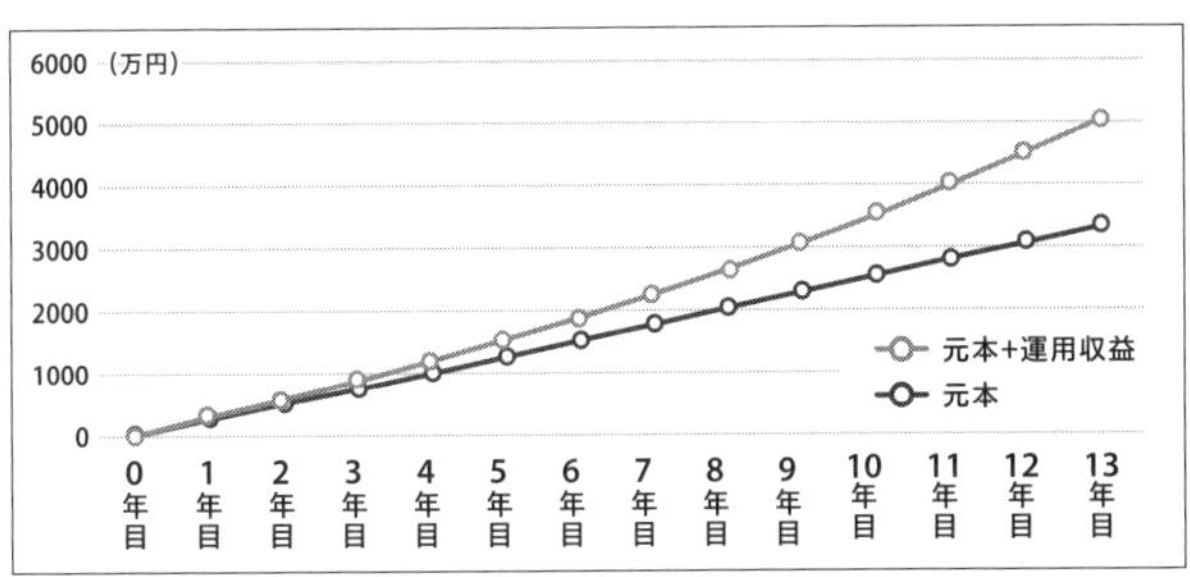

	元本	運用収益	合計（元本+運用収益）
0年目	0円	0円	0円
1年目	2, 535, 662円	83, 949円	2, 619, 611円
2年目	5, 071, 325円	329, 469円	5, 400, 794円
3年目	7, 606, 987円	746, 528円	8, 353, 515円
4年目	10, 142, 649円	1, 345, 704円	11, 488, 353円
5年目	12, 678, 312円	2, 138, 228円	14, 816, 540円
6年目	15, 213, 974円	3, 136, 029円	18, 350, 003円
7年目	17, 749, 636円	4, 351, 766円	22, 101, 402円
8年目	20, 285, 299円	5, 798, 881円	26, 084, 180円
9年目	22, 820, 961円	7, 491, 645円	30, 312, 606円
10年目	25, 356, 624円	9, 445, 209円	34, 801, 833円
11年目	27, 892, 286円	11, 675, 659円	39, 567, 945円
12年目	30, 427, 948円	14, 200, 072円	44, 628, 020円
13年目	32, 963, 611円	17, 036, 579円	50, 000, 190円

出所：バリューアドバイザーズのHP資産運用電卓より作成

退職金シュミレーションはゴールから逆算することも可能

◉目標まで何年かかる？

毎月の積立金額	20万円
想定利回り(年率)	6%
目標金額	5000万円

積立期間は 13年7ヶ月 になります。

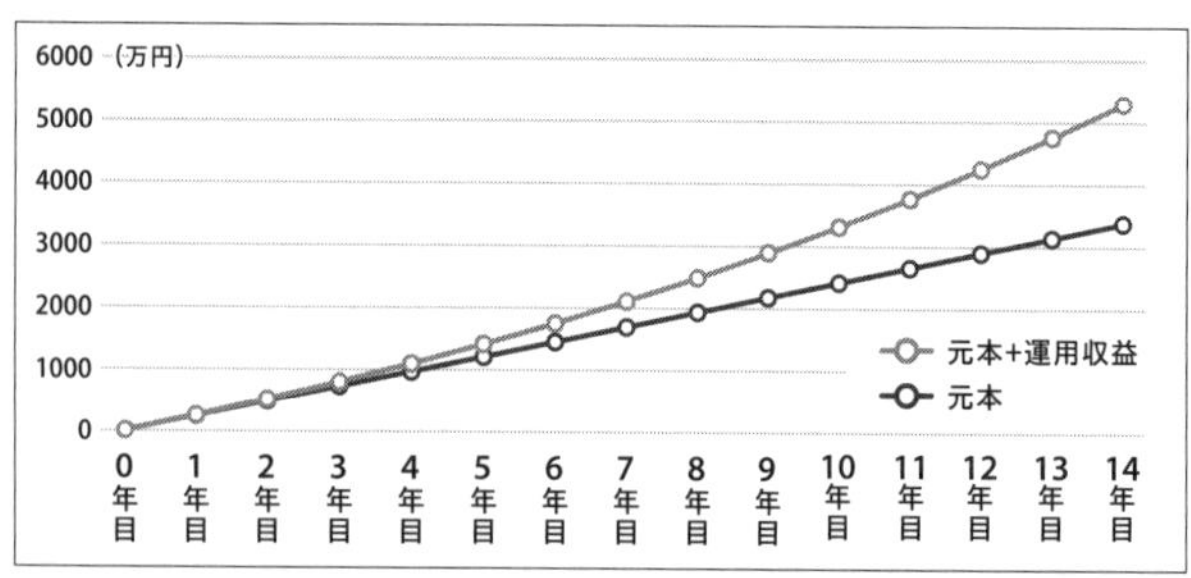

	元本	運用収益	合計 (元本+運用収益)
0年目	0円	0円	0円
1年目	2, 400, 000円	79, 448円	2, 479, 448円
2年目	4, 800, 000円	311, 823円	5, 111, 823円
3年目	7, 200, 000円	706, 557円	7, 906, 557円
4年目	9, 600, 000円	1, 273, 664円	10, 873, 664円
5年目	12, 000, 000円	2, 023, 776円	14, 023, 776円
6年目	14, 400, 000円	2, 968, 180円	17, 368, 180円
7年目	16, 800, 000円	4, 118, 859円	20, 918, 859円
8年目	19, 200, 000円	5, 488, 537円	24, 688, 537円
9年目	21, 600, 000円	7, 090, 720円	28, 690, 720円
10年目	24, 000, 000円	8, 939, 749円	32, 939, 749円
11年目	26, 400, 000円	11, 050, 848円	37, 450, 848円
12年目	28, 800, 000円	13, 440, 183円	42, 240, 183円
13年目	31, 200, 000円	16, 124, 913円	47, 324, 913円
14年目	33, 600, 000円	19, 123, 258円	52, 723, 258円

出所：バリューアドバイザーズのHP資産運用電卓より作成

大切なのは、亡くなった後の身辺整理費用で迷惑をかけないよう、遺言作成や遺贈を選択肢に入れつつ、自分自身で使う、遺すを考えながら資産運用することです。

池田さんの場合、兄弟や甥などのご親族はいますので、将来的にご親族へ金融資産を遺したい場合は、死亡保険金の受取人指定ができる生命保険の活用を再度検討しましょうとアドバイスしました。

また、前ページの図のように法人からの退職金運用シミュレーションは、ゴールから金額や期間を逆算できます。

法人経営者の方は、退職金準備＝保険契約という従来のやり方だけでなく、証券口座でも退職金準備を検討してみることもお勧めします。

ケース③

保険契約時の担当者不在の不安解消とお子様への金融資産の継承方法の相談

相談者プロフィール

稲垣洋子さん（72歳）　自営業（年収300万円）

◇ご家族

長女（52歳）　自営業
次女（50歳）　会社員

相談前の資産構成

普通預金・定期預金　……　２０００万円
生命保険（２０１５年契約）……　一時払保険料３５００万円　死亡保険金３７００万円
契約本数６本
一時払終身死亡保険　円建て４本　外貨建て２本　……　解約返戻金約３６００万円
不動産　……　持ち家（５０００万円）　自宅兼事務所
証券口座　……　個別株３０００万円

◆稲垣さんのご相談内容

日経新聞で弊社の記事を見てお問い合わせいただいたのは50代のお子様たちからでした。資産運用と二次相続についてのご相談から、稲垣さんの相談につながった事例です。

稲垣さんは銀行の窓口から言われるがまま多くの保険に加入していましたが、担当者が転勤になり、誰に確認や相談をしたらいいのか分からず、また、担当が変わるたびに勧めてくる保険に加入していたため整理ができていない状況でした。これはよくあるパターンです。

また、稲垣さんは若い頃からご自身で投資の勉強を始め、働きながら金融資産を増やしてきたため金融リテラシーが高いのですが、お子様たちは投資経験がなく、相続後の資金をお子様たちがどう扱うかを気にかけていました。

一方で、ご自身も趣味の旅行などを楽しみたいという考えもお持ちでした。まだまだ現役であり、働きながら今ある資産を自分の楽しみに使いつつ、お子様たちに遺すことも考えながらアドバイスがほしいとのことでした。

◆目指すべきゴール

- お金の色分けをする。遺すお金と使うお金に分けること
- 運用しながら、自分の楽しみにもお金を使える状態にする
- お子様に金融資産だけでなく金融リテラシーも同時に継承

◆弊社からの改善策

まずは生命保険の内容確認からスタートしました。生命保険の契約者と被保険者と受取人の確認をすると、契約者は稲垣さん、被保険者はお子様、受取人は稲垣さんの

一時払終身死亡保険が４本（５００万円×４本の円建て）見つかりました。

自分の死後に死亡保険金としてお子様に遺したいと思って契約していたつもりが、被保険者がお子様になっていることが発覚したのです。

生命保険では「年齢的に加入させやすい」といった理由で、お子様を被保険者にして契約を勧めるケースも見受けられます。

保険は死亡保障が目的なので、稲垣さんはお子様に万が一があったときに死亡保険金は一切不要とのことですし、運用するなら証券口座の方が効率が良いことも分かっているので解約しました。

保険の契約者・被保険者の税務の図

	条件	契約者	被保険者	受取人	対象となる税金
死亡保険金	契約者=被保険者 受取人が法定相続人 ※法定相続人の数×500万円が非課税				相続税
	契約者=受取人				所得税
	契約者、被保険者、受取人がそれぞれ異なる				贈与税
満期保険金 解約返戻金	契約者=受取人				所得税
	受取人が契約者以外				贈与税

出所：バリューアドバイザーズ作成

解約して返ってきたお金は、元々お子様たちに遺すお金の予定だったので、このままにしておくより生前に渡したい、お子様たちも生前に受け取りたいとのことで、生前贈与を活用することで話がまとまりました。

保険は契約者、被保険者、受取人の確認が必須です。

全体資産を確認すると相続税が発生する可能性があるので、契約者、被保険者が稲垣さんご自身の契約2本は死亡保険金の受取人をそれぞれのお子様にして、相続税対策として残しました。

ただし、現金を渡すだけではどう使うか少し心配なので、金融知識を養う目的から、お子様、お孫様にも証券口座を開設していただき、NISA口座を使った資産運用を始めていただきました。

ご自身の資金は利息を受け取れる債券（社債）を検討しましたが、値動きが許容できて将来お子様に渡せる投資信託の運用に落ち着きました。使う予定のない普通預金の一部も投資信託へ回し、複利で毎年年末に5～10％取り崩し、趣味などに充てるようご提案しました。

保有していた個別株は値が上がりそうという理由で、目的なく購入したとのことで、無目的のギャンブルに近く全て売却しました。

このように、次世代に遺すお金とご自身が使うお金を色分けして置き場所を変えたのが今回の特徴です。

相談後の資産構成

普通預金・定期預金……１０００万円
生命保険……死亡保険金１５００万円
外貨建て一時払終身死亡保険……解約返戻金１５００万円
契約本数２本
不動産……持ち家（５０００万円）自宅兼事務所
証券口座……投資信託４０００万円
★その他……解約返戻金を活用し、娘２名と孫４名に年間１００万円、計６００万円を贈与。その資金を使い、ＮＩＳＡつみたて投資枠を活用

アドバイスの肝

稲垣さんが三世代による資産運用を始められたのは、金融資産を増やすこと自体が目的ではなく、次世代にも安心と豊かさをお届けする私たちの考えにも共感してくださったからです。

また、担当者が変わらず複数人でのフォロー体制や、定期訪問や定期面談といった弊社のサービスにもご納得いただいております。

資産運用においてお金の置き場所を変えることは大事ですが、金融リテラシーの継承も押さえておくべきポイントです。三世代にわたって運用相談だけでなく専門家も交えての相続対策の相談ができる点にも安心感を抱いてくださっています。

ケース④

ご子息への二次相続対策と一人での生活費用捻出の相談

相談者プロフィール

佐々木聡子さん（57歳）　会社員

◇ご家族

配偶者（55歳で逝去）　会社員

長男（21歳）　大学生

相談前の資産構成

◇夫からの相続財産

普通預金・定期預金……　２０００万円

生命保険……　死亡保険金３０００万円

死亡退職金……　２０００万円

不動産……　住宅ローン（団信あり）

証券口座 …… 個別株3000万円

◇**佐々木さんご自身**

普通預金・定期預金 …… 1000万円

◆**佐々木さんのご相談内容**

亡くなったご主人の本棚から前著『55歳からでも失敗しない投資のルール』が見つかり、ご相談いただきました。家計はご主人に全て任せていて、生命保険や資産運用については全く分からない状態でした。

弊社が紹介した税理士の先生を交えながら、一次相続の分割方法についてヒアリングをし、二次相続も視野に入れた分割と資産運用についてご提案しました。

◆**目指すべきゴール**

- 佐々木さんご自身が安心して暮らせるキャッシュフローの確保

- まとまったお金はあるが、ここから取り崩していくのが正解なのかが分からず、資産が目減りしていく不安を解消したい
- お子様が一人のため、二次相続も気になる。資産の移転だけでなく金融リテラシーも身につけてほしい。一次相続時に現金2000万円を渡す予定なので、資産運用の相談の際には同席を希望

◆弊社からの改善策

佐々木さんご自身は金融知識が豊富ではありませんでした。そのため個別株を持ち続けるのはリスキーと判断し、高配当銘柄以外は売却しました。

そこで得た現金と預金を利用し債券の運用に充てるようアドバイスしました。元本はそのままで、利息を受け取りながら生活費に充て、さらには新NISA口座のつみたて投資枠をご自身の給与の中から捻出し、投資信託の積立を勧めました。

現在は佐々木さんご自身の給与と債券の利息で以前と変わらない生活ができています。

二次相続に備えては、保険金が2000万円支払われる生命保険に加入しました。

これにより、佐々木さんに万が一のことが起きても死亡保険金がお子様に直接渡せる

ので、納税資金と流動性を確保しました。ご主人様の生命保険が佐々木さんご自身の口座に振り込まれ安心した経緯から、ご自身も加入しておきたいとのことでした。

一般的には被相続人の金融機関の口座は凍結されて資金が拘束されます。死亡保険金は指定した受取人の口座に入金されるので、凍結解除までの出費に利用できるため有効活用しました。

相談後の資産構成

◇佐々木さんご自身

普通預金……2000万円（子どもの学費&緊急費用として）

生命保険……一時払保険料1000万円　死亡保険金2000万円

不動産……住宅ローン（団信あり）

★証券口座……投信積立10万円（NISA口座ご自身の給与から）

個別株1000万円（高配当銘柄）

債券（社債）5000万円（利息を生活費の足しに）

◇**長男**

現金……２０００万円　ＮＩＳＡ口座を開設し

全世界株式型の投資信託で運用

アドバイスの肝

佐々木さんの給与だけではこれまでの生活水準を維持するのが厳しく、かといってお金を取り崩しながらの暮らしには不安がつきまといます。

そこで今回は、債券（社債）の利息で以前と変わらない生活ができることに重点を置きました。債券運用はあまりご存じない方が多いと思いますが、ある程度まとまった資金があり、リスクが高い商品に慣れていない方には、検討しても良い投資方法です。

債券分散表（サンプル）

業種	通貨種類	発行体	年利率	償還日	残存年数	参考利回り	参考単価
銀行	米ドル普通	○○銀行	3.010%	2026/10/19	2年6カ月	3.43%	99.00
生保	米ドル普通	○○生命	2.750%	2031/1/21	6年9カ月	4.01%	97.00
製造	米ドル普通	○○自動車	4.950%	2027/4/8	3年0カ月	4.10%	105.00

出所：バリューアドバイザーズ作成

サンプルですが、前ページの図のように銘柄も分散し、利息も定期的にあることを確認しながらポートフォリオを組ませていただきました。

二次相続でお子様に迷惑をかけたくないとのこともあり、生命保険のご契約は死亡保険金受取人の口座に入金されることがポイントでした。

今回の改善策により、心に余裕が生まれたとおっしゃっていました。

弊社は士業の先生方とのコネクションもあり、相続の事前・事後相談も可能です。ゆくゆくは贈与も検討し、お子様が結婚し、お孫様が生まれたら証券口座を作ってあげたいと嬉しそうにお話しされています。

債券（社債）の利息で「こんなことをしました」と定期面談でお聞きすることもあり、利息を有効活用していただくことは私たちとしても嬉しいことです。

ケース⑤

収入が上がるにつれて増やしてきた保険契約を確認し、資産運用を基礎から教えてほしい

相談者プロフィール

伊藤里香さん（53歳）　会社員

◇ご家族

配偶者（60歳）　会社を定年退職後に継続雇用
長女（20歳）　大学生
次女（17歳）　高校生

相談前の資産構成

◇伊藤さんご自身

普通預金・定期預金……　５００万円
生命保険（２００３年契約）……　月払保険料36万円　死亡保険金９０００万円
契約件数13本

外貨建て一時払終身死亡保険、外貨建て終身死亡保険、外貨建て養老保険
……解約返戻金6500万円

◇配偶者の保有資産

普通預金・定期預金……5000万円（退職金含む）

◆伊藤さんのご相談内容

弊社のグループ会社である日本金融教育センターの法人向けセミナーを受講し、「保障は保険」「運用は証券」と学んだことをきっかけに、ご相談いただきました。

伊藤さんご自身は「保障も運用も保険」と考え貯蓄型保険を多数契約していて「これで本当によいのか？」と疑問に感じたそうです。

伊藤さんは仕事が忙しく、これまで資産運用や老後資金の確保などについて考える時間がありませんでした。

一方で、外資系生命保険会社に転職した同僚から勧められ、30代の頃から収入が上がるたびに貯蓄目的で保険を増やしており、現状でどれだけ加入しどれだけ保険料を

支払い、死亡保障や解約返戻金がどれだけあるかも把握できていませんでした。

ところが、円安で外貨建て商品の支払い保険料は上がり、お子様の大学進学費用も気になっていました。

ご主人の資産も含めた家計全体を見渡したライフプランになっていない点も心配の種でした。

◆目指すべきゴール

- まずは保険加入の一覧表を作成し現在契約中の保険を把握（現在地の確認）
- 長女、次女の教育資金の確保
- 配偶者と一緒に資産状況を確認し、理想のセカンドライフを共有・実現するた

日本金融教育センターの法人向けセミナー

めの改善策をご提案

◆弊社からの改善策

保険の加入状況を確認し、下記のような保険契約一覧表を作成し見ていただいた伊藤さんの第一声は「こんなにも保険に加入していたのですね……」でした。現預金が少なく、毎月保険料が家計を圧迫していることが分かりました。

保険の解約返戻金が6500万円、配偶者は定年を迎え退職金を受け取ったタイミングでもあり、伊藤さんの過大な死亡保険金は特に必要ないことが明らかです。

相続時の生命保険金の非課税枠を利用することも考え、1本のみ継続を提案しました。

○○様

保険契約一覧表

保険会社名	保険種類	契約日(年齢)	目的	被保険者	受取人	証券番号	保険金額	保障期間	払込期間	払方	保険料	補足
○○生命	終身保険	○○○○/○/○(○歳)	死亡保障	○○様	○○様	○○	○○ドル				○○ドル	
○○生命	変額年金保険	○○○○/○/○(○歳)	年金	○○様	○○様	○○	○○万円				○○円	
○○生命	定期保険	○○○○/○/○(○歳)	死亡保障	○○様	○○様	○○	○○万円				○○円	
○○生命	がん保険	○○○○/○/○(○歳)	がん保障	○○様	○○様	○○	○○万円				○○円	
合計												

出所：バリューアドバイザーズ作成

また、お子様が被保険者の生命保険契約もあり、死亡保障は不要のため解約し、解約返戻金が約５００万円の２本は、それぞれの教育資金に充てることにしました。

これにより浮いた月々の支払保険料と解約返戻金は、理想とするセカンドライフの実現に向け、新ＮＩＳＡを活用して運用することに。投資初心者ということもあり、リスク許容範囲を考慮して、一部は米国債券をご提案。保険会社を通さず証券口座で直接購入できることを知らず、驚いていました。

配偶者の資産についてもアドバイスさせていただきました。会社を退職し月々の収入が減り、減った分の収入確保のため社債をご提案。

65歳までは働き、その後は完全引退を考えていて、ご自身も複利運用を体感されたいとのことから、退職金の一部を使い新ＮＩＳＡでの活用を始めました。

相談後の資産構成

◇伊藤さんご自身

普通預金・定期預金　……　１５００万円

生命保険……月払保険料0円　死亡保険金2000万円
契約件数1本（払込済、外貨建て終身死亡保険）
……解約返戻金1500万円
★証券口座……投資信託2000万円、米国債券2000万円、投信積立30万円

◇**配偶者の保有資産**
普通預金・定期預金……1000万円
★証券口座……投資信託1000万円、債券（社債）3000万円

アドバイスの肝

昔からの知り合いや仕事関係などの人間関係が気になり、保険を解約したいと思いつつも保険契約を継続している人は多いのではないでしょうか。保険募集人はほぼ中途採用です。中途採用する理由は過去の人脈を使いながら保険の契約を獲得できる可能性が高いからです。

しかし人間関係も大切ですが、理想のセカンドライフを実現することの方がもっと大切です。相談を通じて伊藤さんはその点に気づかれました。

高収入のビジネスパーソンの周りには優秀な保険募集人が多く、支払い能力が高いがゆえに、掛け捨てでなく貯蓄型保険を勧めてくるので、保険料は高額になりがちです。

今回はしがらみを断ち切り、ご家族の生活を優先する結果となりました。似たような境遇の方は、ぜひ伊藤さんを参考にしてみてください。

また、お互いが仕事に忙しく資産について話し合う時間がないご夫婦もたくさんいます。ただし、一緒に考えることでお互いのリスク許容範囲や運用目的を共有することができます。

伊藤さんのお子様たちは２０２２年からスタートした高等科教育での金融教育を受けていない世代です。今後は家族全員でお金について情報を共有し、資産を増やすことだけではなく楽しい使い方も模索していきたいとおっしゃっています。

ケース⑥

仕事は充実しているが、ご家族との時間も確保し、理想のライフスタイルを実現できるかシミュレーションしたい

相談者プロフィール

深谷正さん（49歳）　開業医（年収3000万円）

◇ご家族

配偶者（45歳）　医師

長女（7歳）　小学生

相談前の資産構成

◇深谷さんご自身

普通預金・定期預金……５０００万円
生命保険（２０１０年契約）……月払保険料20万円　死亡保険金３０００万円
　　契約件数３本
学資保険、変額個人年金、外貨建て終身死亡保険（払込済）……解約返戻金３０００万円
不動産……持ち家（住宅ローンなし）
証券口座……投資信託６００万円（旧ＮＩＳＡ口座）

◇配偶者

普通預金・定期預金……３０００万円
生命保険……なし
証券口座……投資信託６００万円（旧ＮＩＳＡ口座）

◆深谷さんのご相談内容

開業医ということもあり、銀行や保険会社などからたくさんのアプローチを受けてきました。しかし、金融機関から独立した立場から保険と証券の両方について総合的なアドバイスがほしいという理由からインターネットで「ＩＦＡ」と検索し、お問い合わせいただきました。

仕事は順調ですが、多忙を極めているのでお子様との時間はほぼなく、キャリアについてこのままでいいのか漠然と不安を感じていたそうです。

お子様が小学生の間は一緒に過ごす時間を増やしたいので、本業以外にも資産を増やす手立てがほしい。また、将来は自分たちと同じ職業を選択してほしいという思いもあり、教育資金を今から準備しておきたいというご希望がありました。

お金を貯める・増やす・使うのバランスについても、専門家から知見を得たいとのことでした。

◆目指すべきゴール

・ライフシミュレーションを実施。将来の資産を視覚化し漠然とした不安を解消

- お子様と過ごす6年間を充実させるために時間の確保
- 趣味を楽しみたい。料理好きな奥様のために何かしたい
- 老後資金準備はもちろんのこと、奥様のお母様からの贈与もあり、相続対策について考える

◆弊社からの改善策

ご夫婦でライフシミュレーションをする中で、漠然とした将来のお金の不安が和らぎ、お金は貯めるのが目的でなく、人生を豊かにするために使うことも大事であるとあらためて認識されました。

医師であり稼ぐ力が高い深谷さんには、健康第一で地域のために長く働き貢献することが最も大切であり、そのためには深谷さんご自身が健康で幸せになることが重要だとアドバイスしました。

資産運用に関してはアドバイザーがおらず、旧ＮＩＳＡの枠内のみしか利用していませんでした。

長期で運用しながら教育資金や老後資金を確保できることは頭で分かっていたものの、仕事が忙しく実行できていませんでした。

普通預金と保障が不要だと思われる貯蓄型保険の解約返戻金を投資信託へ回すよう勧めました。

結果、保険は外貨建て終身死亡保険（払込済）のみ残し、あとは解約することに。

ご本人と奥様の意向で、相続税はかかることがあっても納税資金で迷惑をかけたくないとのことでした。

贈与資金は奥様のお母様から年間100万円ほどあり、その資金を活用し、契

ライフシミュレーションの例

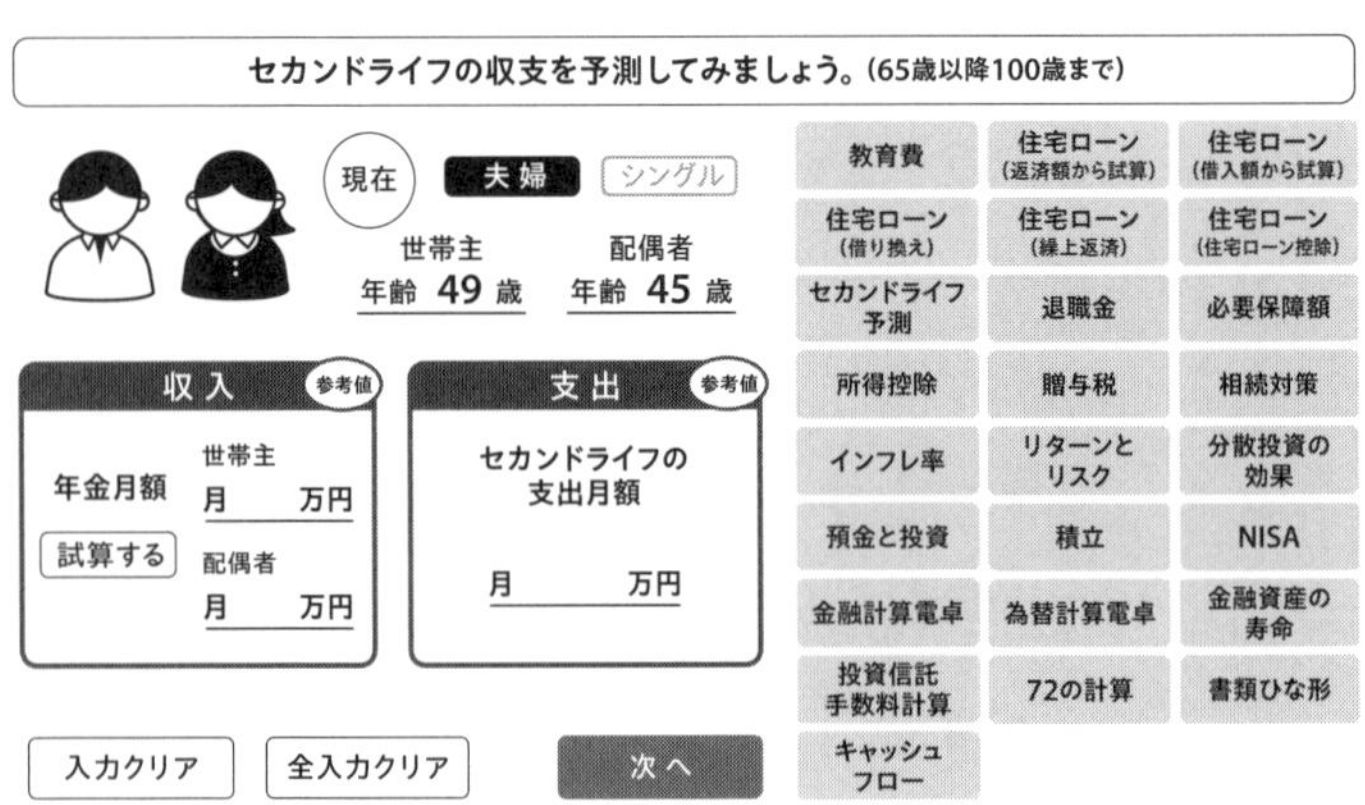

出所：楽天証券「LIFEPLAN CANVAS」を基にバリューアドバイザーズ作成

約者がお子様、被保険者は深谷さん、保険金受取がお子様のプランをご契約いただきました。

また、相続対策として配偶者も非課税枠分の生命保険に加入。残りは投資信託へ回しました。

さらにはご夫婦の趣味が満たされるように、別荘を作りたいというご要望から、ローン返済シミュレーションもさせていただきました。週末はお子様と一緒に別荘で心満たされる時間を過ごされているそうです。

相談後の資産構成

◇深谷さんご自身

普通預金・定期預金　……　１０００万円
生命保険　……　死亡保険金３０００万円
外貨建て終身死亡保険（払込済）……　解約返戻金２０００万円
★年間保険料　……　年払保険料80万円　死亡保険金３０００万円（契約者お子様）

不動産……投資用ローン4000万円（団信あり）　毎月20万円返済（削減した保険料から）
証券口座……投資信託5600万円　投信積立30万円（NISA口座ご自身の収入から）

◇配偶者

普通預金・定期預金……1000万円
生命保険……一時払保険料400万円　死亡保険金1000万円
※生命保険の非課税枠利用
証券口座……投資信託2200万円、投信積立10万円（NISA口座ご自身の収入から）

アドバイスの肝

将来の金融資産の可視化がポイントであり、金融資産は三世代で流れを確認することが大切です。

また、別荘を作る際にも手伝ってほしいとのご意向を受けて、土地探しや建設メーカーなどは、弊社とつながりのある事業者をご紹介しました。深谷さんのご家族を大切にされている想いを汲み取り、ローンシミュレーションなども共有しています。

余暇を使い別荘に出かけたり趣味の時間を楽しむなど、今はプライベートが充実したことで、地域医療に貢献するため本業にも専念できるようになったとおっしゃっています。

顧客に寄り添った「ゴールベース資産管理」の伴走者

ご相談者様6名のケーススタディをご紹介しましたが、事例に近い悩みを抱える方もいらっしゃるのではないでしょうか。

ご自身で調べて全て解決できる方は問題ないですが、時間の余裕もないし、一人では全て解決するのは難しいと考える方もいらっしゃるかと思います。資産運用や保険の専門家ではないので何が正しいか判断がつかず、なかなか実行に移すこともできないと思われます。

そんな時にゴールに向かって一緒に走ってくれる伴走者がファイナンシャルアドバイザーです。

下の図は、相談できるファイナンシャルアドバイザーを持つ消費者の各国のデータです。日本はまだまだ信頼できるアドバイザーを持つ消費者が少ないです。

私たちが提供しているゴールベースの資産管理は、欧米では当たり前のサービスです。

アメリカではアドバイザーをつけることで、自分が立てた目標の達成率が1・5倍以上高く、運用面でも年率3％に相当するパフォーマンスの上昇に寄与する

相談できる金融アドバイザーを持つ消費者

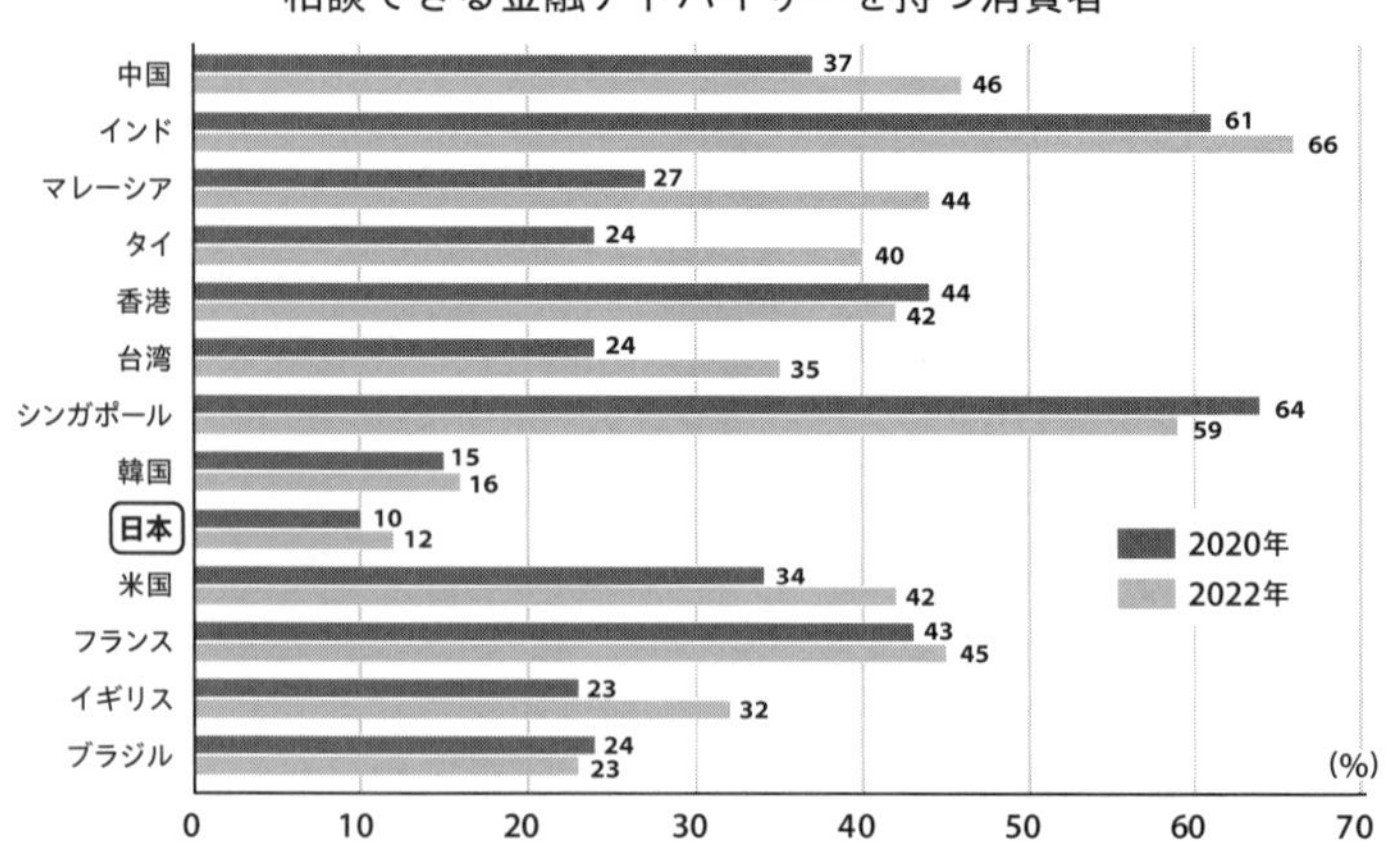

出所：ニッセイ基礎研究所「コロナ禍を経て世界では金融アドバイザーが果たす役割が増大―日本とは大きく異なる各国の状況―」を基にバリューアドバイザーズ作成

ことが分かっています。

ダイエットや筋力トレーニングでは、我流よりも専門的なトレーナーを頼った方が目標を達成しやすいのと同じです。

資産運用においても、ゴールの設定から目標に辿り着くための金融商品の選択や売買の実行、運用中のリバランスを自分自身でできるなら構いませんが、多くの人はそうではありません。

私たちの最大の役割は、お客様のお話を聞き続けることです。お客様も我々に悩みを打ち明け続けることでこそ課題が可視化され、具体的なソリューションにつながっていきます。

運用が始まってからも定期面談でヒアリングを継続させていただきますので、最初はお子様の教育資金が気になっていたのが、一緒に過ごす時間が大事であったり、相続はどうすべきかなど、その時々で関心も移り変わっていきます。その過程でお客様と伴走しながら適切に対処するＩＦＡは、心強い存在になると信じています。

ＩＦＡができることとは？

ＩＦＡは資産運用のアドバイスだけではなく、お客様の金融リテラシー向上と行動コーチングをする立場です。自分で資産を運用していると、価格が暴落すると驚きのあまり売却してしまったり、上昇時も高値掴みが怖くて手が出せないなど、冷静な判断を下せない場面に多々遭遇します。

しかしアドバイザーは相場急変時に正

アドバイザーの付加価値　チームコンサルティング

専門性

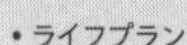
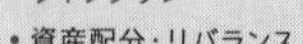

- ライフプラン
- 資産配分・リバランス
- リスクマネジメント
- インカム戦略
- 税など周辺知識

コーチング

- 金融教育
- ゴール進捗確認
- 感情・ストレス・行動コーチング
- セカンドオピニオン
- 支出管理

利便性

- 時間の節約
- 専門家の紹介
- 定期面談（オンライン可）
- 総合金融コンサルティング
- レスポンス

継承

- 配偶者関与
- 財産継承
- 次世代関与
- 多世代プランニング
- 相続対策

出所：バリューアドバイザーズ作成

しい行動や考え方をアドバイスできるので、おのずと金融リテラシーが高まっていきます。

適度な資産運用の知識は必要です。しかし、人生には多くの大切な事があります。それは、皆様のご家族と過ごす時間や本業である仕事、そして、趣味の時間です。資産運用が趣味であるならいいのですが、そうではない場合は投資に時間を使いすぎるのはもったいないことだと思います。

アドバイザーに任せることで時間の節約にもなり、プロフェッショナルなＩＦＡによるサポートに加え、税務や不動産など提携する専門家集団によるチームコンサルティングにも価値を感じていただけるのではないでしょうか。

コラム

ネーミングで判断してはいけない！学資保険、個人年金保険、終身保険は必要か？

貯蓄や運用を目的とした保険商品には幅広いラインナップがあり、学資保険や個人年金保険、終身保険はその代表格と言えます。

学資保険とは、子どもの教育資金を準備するための貯蓄型保険のことです。決まった額の保険料を支払うことで、大学入学時など教育資金が必要になるタイミングで進学祝い金や満期保険金を受け取ることができます。ファミリー世帯にとってはお馴染みの保険商品です。

個人年金保険とは、公的年金に上乗せして準備する私的年金の一つです。契約時に定めた年齢（期間）まで保険料を払い込むと、一定期間もしくは一生涯給付が受け取れるのが特徴で、学資保険と同じく貯蓄型保険として有名です。公的年金だけでは老後が不安な方に刺さる商品と言えます。

終身保険とは、死亡保障が一生涯続く保険のことで保険料が掛け捨てにならない貯蓄型保険です。万が一の際には死亡保障があり、お金が必要になった時に解約すると解約返戻金を受け取ることができるので、思わぬ資金需要に応える商品となります。

それぞれの商品に特徴があるためすでに契約している方も多いと思います。しかし子どもの教育資金、老後の資金、一生涯の死亡保障といったニーズを満たすには、果たして本当に保険という商品でなければならないのか、今一度考える必要があります。

例えば、なぜ教育資金を貯めるために貯蓄型の学資保険である必要があるのでしょうか。利息はほとんどないですが、預貯金でも構わないですし、もしも親が亡くなり子どもが大学に行けないと困るとするなら、掛け捨ての死亡保険でカバーすることもできます。

教育資金の準備は証券口座を開設し投信積立で準備することもできますし、子どもが誕生してすぐ始めれば、大学までの18年という「時間」を武器に使えます。また債券を組み入れた投資信託なら、比較的ローリスクな運用も可能です。広く世に知られ「学資」というネーミングが付いているからと、子どもが誕生したらつい加入しがちですが、教育資金を準備する手段は他にもあります。

個人年金保険も同様で、公的年金にプラスできると嬉しいと思いがちですが、貯蓄型保険で賄う必要はあるのでしょうか。

終身保険に関しても死亡保障が一生涯必要なのか疑問ですし、死亡保険金のほとんどは契約者が払い込んだご自身のお金です。

ならば金融商品で金融資産を増やしてあげる方が、より多くの金融資産を残せる可能性もあります。わざわざ若い時から終身保険に月々割高な保険料を支払う必要はないのです。

今は健康状態に関係なく加入できる一時払終身保険や、時代の金利によって契約時の基準利率を高く維持できる一時払終身保険も存在し、終身保険の加入検討は相続対策や遺産分割対策を考え始めた年齢からでも遅くはありません。

期間を区切って掛け捨ての死亡保険に加入する選択肢もあります。そうすることで保険会社に支払うトータルの保険料を安く抑えられる可能性があります。やはり「学資」「年金」「終身」といったワードにつられて契約しているケースが多いのでしょう。

仮に1000万円の終身死亡保障のために月々2万円を30年間、合計で720

◉いくらになる？

毎月の積立金額	2万円
想定利回り（年率）	4%
積立期間	30年

積立結果は1,392.7万円になる可能性があります。

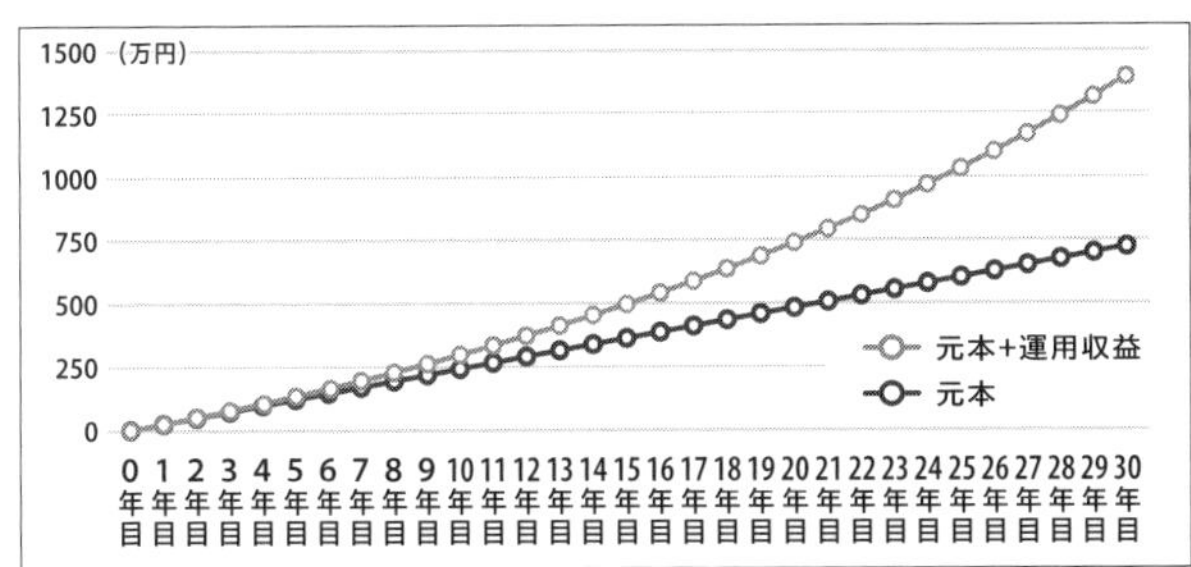

	元本	運用収益	合計（元本+運用収益）
0年目	0円	0円	0円
1年目	240,000円	5,264円	245,264円
2年目	480,000円	20,521円	500,521円
3年目	720,000円	46,177円	766,177円
4年目	960,000円	82,656円	1,042,656円
5年目	1,200,000円	130,399円	1,330,399円
6年目	1,440,000円	189,866円	1,629,866円
7年目	1,680,000円	261,533円	1,941,533円
8年目	1,920,000円	345,899円	2,265,899円
9年目	2,160,000円	443,479円	2,603,479円
10年目	2,400,000円	554,813円	2,954,813円
11年目	2,640,000円	680,460円	3,320,460円
12年目	2,880,000円	821,005円	3,701,005円
13年目	3,120,000円	977,054円	4,097,054円
14年目	3,360,000円	1,149,238円	4,509,238円
15年目	3,600,000円	1,338,216円	4,938,216円

	元本	運用収益	合計（元本+運用収益）
16年目	3,840,000円	1,544,670円	5,384,670円
17年目	4,080,000円	1,769,314円	5,849,314円
18年目	4,320,000円	2,012,888円	6,332,888円
19年目	4,560,000円	2,276,164円	6,836,164円
20年目	4,800,000円	2,559,944円	7,359,944円
21年目	5,040,000円	2,865,064円	7,905,064円
22年目	5,280,000円	3,192,392円	8,472,392円
23年目	5,520,000円	3,542,835円	9,062,835円
24年目	5,760,000円	3,917,333円	9,677,333円
25年目	6,000,000円	4,316,866円	10,316,866円
26年目	6,240,000円	4,742,455円	10,982,455円
27年目	6,480,000円	5,195,162円	11,675,162円
28年目	6,720,000円	5,676,090円	12,396,090円
29年目	6,960,000円	6,186,390円	13,146,390円
30年目	7,200,000円	6,727,258円	13,927,258円

出所：バリューアドバイザーズのHP資産運用電卓より作成

万円投じるとしたら、同じ金額を同じ期間投資信託で4％の運用（過去の実績から低く見積もって）をしたとすると約1400万円になります。30年で運用は終わりではありませんが、家族に1000万円を終身死亡保障で遺すより、運用で増えた1400万円を遺す方が良いのではないでしょうか。

預貯金が低金利である昨今、保険を使って効率的に貯蓄や運用を実践したい気持ちはよく分かりますが、これらの商品には保険会社の人件費や運用費など、多重のコストがかかっていることを忘れてはいけません。

投資信託の方がコストが抑えられ、その水準も可視化されています。お金の置き場所として、これらの商品に加入している人は今一度見直しを検討してみるとよいでしょう。

エピローグ

最後まで、本書にお付き合いいただき有難うございました。

２０２４年から新ＮＩＳＡが始まったことで、投資信託などを活用した資産運用はより加速していく流れが見えています。

そうした中、運用をする人としない人で資産格差はより拡大すると考えています。日本に先立ち、イギリスでは１９９９年からＮＩＳＡのモデルとなったＩＳＡが始まり、今では成人人口の約半数がＩＳＡ口座を保有しています。制度の開始当初から運用を始めた方の中には、資産残高が１００万ポンド（1億８９００万円）を超えたケースもあるそうです。制度の違いはあるにせよ、日本でも似たような将来を迎えるかもしれません。

本書では、資産の多くを株式や投資信託に投じている欧米諸国の人々の多くが資産増を実現していると述べました。ここから分かるのは、お金の置き場所を変えて、お金にも働いてもらうということです。

しかしながら、日本でなかなか投資が普及しないのは、ゴールベース運用やコア投資が浸透しておらず、投資は怖いものと感じている人が多いからではないでしょうか。

金融機関の収益源は金融商品の売買手数料ですから、同じ商品を長く持ち続けられても利益は少なく、顧客に対して積極的な売買を促して収益を確保しなければなりません。

ゴールベース運用にシフトしようにも、膨大な固定費や営業担当の収入は主に売買手数料に支えられているため、なかなか構造改革ができないという事情もあります。

手数料欲しさに頻繁な売買をさせると、どうしても値動きを追う短期的かつハイリスクな取引になり、パフォーマンスも運に左右されやすくなります。

これはもはや資産運用とは言えず、投機に近いと言えます。こういった状況こそが、回り回って多くの人に「株や投資信託は怖い」といった印象を強くさせているのです。

結果、日本では預貯金が幅を利かせ、圧倒的に数の多い保険募集人から銀行預金よりはましと、運用を目的とする貯蓄型保険に資産が集中しているのが現状です。

お金の置き場所を間違えると人生における機会損失は多くなり、本来得られるはずだった金銭的な利益だけでなく、家族と過ごす時間などの本当に大事なものを失うかもしれません。

本書では「保障は保険」「運用は証券」の考えのもと、不必要な貯蓄型保険から証券口座へお金を移し、コア投資を始めるように提案しました。既存金融機関の収益構造を変えるのは容易ではなく、資産運用を実際に行う皆様にその重要性を直接知っていただく必要性があります。

保険募集人の方々にもこの書籍を読んでいただき、情報をアップデートし、素晴らしい保険商品を資産運用に使うのではなく、「保障は保険」として必要な方に適正な保障を多く届けてほしいと思います。

ちなみに本書の執筆に関わった山越は、保険募集人時代に自身のお金の置き場所を間違った事があります。もしも同じ金額を全世界株式型の投資信託に一括投資していたとすると、直近で二倍以上となっているデータがあります。

「あの時、お金の置き場所を間違えなければ」と悔やんだ本人は資産を増やす機会を失ったわけです。

この後悔を繰り返さないよう、今はゴールベース運用をもとにコア投資に集中し、挽回を図っているところです。

また、この経験から「保障は保険」「運用は証券」の考えを多くの方に伝えるべく、保険募集人向けの勉強会も主催しております。


自分自身でどのようにゴールを決めてお金の置き場所を変えればよいか分からず、運用中も正しくゴールに向かっているかどうかを判断するのは簡単ではありません。50代を迎え、そろそろセカンドライフの準備を始める必要がある皆様だからこそ、お金の置き場所を真剣に考え、豊かなセカンドライフに向かって歩んでいただきたいです。そこで頼っていただきたいのが金融機関から独立した立場で顧客の資産運用をサポートするＩＦＡです。人生に伴走しながら寄り添い続け、長期でサポートできるのが特長です。

弊社のようにチームコンサルティングを提供していると、担当アドバイザーが不在になることもなく、切れ目のない支援が可能です。ファミリー口座の開設を通じて、ご本人だけではなくご家族の資産運用もお手伝いします。

前著『55歳からでも失敗しない投資のルール』では、証券会社や銀行などの裏側にメスを入れ、本来あるべき投資の在り方を示しました。この原稿を執筆している時点で8部刷り(7回増刷)という非常に大きな反響をいただいたと同時に「保険を使った資産運用は間違いなのか」「今入っている保険でよいのか」など、多くのご相談をいただくことが増え、今回の本書の執筆に繋がりました。皆様のお金の置き場所を変えるきっかけになると幸いです。

残念ながら、預貯金や貯蓄型保険で安心できる時代は終わりを告げました。こうした状況は当面変わらないので、お金の置き場所は変えてしかるべきですし、そうしないことには資産が目減りしていく一方です。複利の力を使い、今後の暮らしを豊かにしていただきたいと思います。

また、正しい金融リテラシーを獲得することで投資詐欺などに引っかかるリスクも防げます。

昨今、SNSが普及しあらゆる投資詐欺が蔓延しています。金融商品を扱うものが国に届け出を出しているかを確認するようにしましょう。一般の方は分からないと思うので、おいしい話を持ち掛けられたときも私たちIFAにご相談ください。実際に私のお客様で、世間を賑わせた詐欺集団にお金を振り込む直前にご相談をいただき阻止できたこともありました。

人間は自分だけ儲けたい、短期的に儲けたいという欲望が出てくるものです。そんなときは何のために投資するのか、自分自身のゴールを明確にしておけば儲けることがゴールではないと気づき、おかしな投資商品は自分には必要がないと判断できます。ぜひご自身の投資の目的を明確にしてみてください。

なお、本書ではご愛読いただいた方を対象に特典をご用意しました。併せてご活用ください。

本書の執筆にあたり、多くの方に大変お世話になりました。そしていつも大切な資産を預けてくださっているお客様、楽天証券をはじめとする提携先の皆様、価値のある金融コンサルティングを多くの方に届けるという理念に共感して働いてくれている社員に、この場を借りて感謝申し上げます。

２０２４年６月

五十嵐修平
山越健司

以下の３つの特典をご用意しています。

① 本書の内容を
詳しく解説した、
セミナー動画

② あなたに合って
いるか診断する、
保険分析サービス

③ 理想のセカンド
ライフに向けた、
ライフプラン
シミュレーション
サービス

本書の内容をさらに知りたい方へ

ご購入者様限定

読者特典

https://value-advisers.co.jp/benefits3/

※ この特典は予告なく変更・終了する場合があります。
あらかじめご了承ください。

［著者略歴］

五十嵐 修平（いがらし・しゅうへい）

株式会社バリューアドバイザーズ 代表取締役社長
株式会社日本金融教育センター 代表取締役
大学卒業後、東証一部上場の証券会社に入社。お客様と金融機関の利益相反をなくし、金融機関から独立した立場で提案したいとの想いを叶えるべく、2013 年 2 月に株式会社バリューアドバイザーズを設立。毎年海外視察をする中で、マーケットの予想を繰り返す日本の金融サービスとは異なる、お客様と目的・目標を共有しゴールに向かって運用する欧米の手法に感銘を受け、独自のコンサルティング手法を考案。IFA（独立系ファイナンシャルアドバイザー）として、お客様目線で価値ある提案を常に心がけている。多数のセミナーを開催しており、多くのお客様から信頼と支持を集めている。日本経済新聞、週刊ダイヤモンド、週刊東洋経済、BSテレビ東京『マネーのまなび』、ラジオNIKKEIなどメディア出演も多数。

山越健司（やまこし・けんじ）

株式会社バリューアドバイザーズ 執行役員
株式会社日本金融教育センター 取締役
大学卒業後、大手食品卸会社に入社。経理、営業を経験後、24歳で完全歩合制の外資系生命保険会社に転職。ルーキー賞、MVPなど毎年社内表彰を受賞し、MDRT 7 年連続入会を果たす。2022年 2 月、自身の資産運用を依頼していた株式会社バリューアドバイザーズに執行役員として入社し、「保障は保険」「運用は証券」を浸透すべく、日々活動している。日本人の金融リテラシー向上のためには、保険募集人の力が必要と考え、自身のIFA転身の経験、実績を伝える保険募集人向けのIFA実践セミナーの講師も務める。

55歳からでも失敗しない保険のルール

2024年7月1日　初版発行
2024年8月20日　第2刷発行

著　者　五十嵐修平／山越健司

発行者　小早川幸一郎

発　行　株式会社クロスメディア・パブリッシング
〒151-0051 東京都渋谷区千駄ヶ谷4-20-3 東栄神宮外苑ビル
https://www.cm-publishing.co.jp
◎本の内容に関するお問い合わせ先：TEL（03）5413-3140／FAX（03）5413-3141

発　売　株式会社インプレス
〒101-0051 東京都千代田区神田神保町一丁目105番地
◎乱丁本・落丁本などのお問い合わせ先：FAX（03）6837-5023
service@impress.co.jp
※古書店で購入されたものについてはお取り替えできません

印刷・製本　株式会社シナノ

ISBN978-4-295-40985-4　C2034